BERNARD PIVOT

« Apostrophes », « Bouillon de culture » « Double je » et des années de chroniques littéraires, hier à *Lire*, aujourd'hui au *Journal du dimanche*, ont fait de Bernard Pivot un journaliste culturel aussi populaire que respecté. Ses derniers livres (*Les Mots de ma vie, 100 mots à sauver, 100 expressions à sauver* et *Le dictionnaire amoureux du vin*) ont rencontré un vif succès.

Bernard Pivot est membre de l'académie Goncourt.

OUI, MAIS QUELLE EST LA QUESTION ?

BERNARD PIVOT
de l'académie Goncourt

OUI, MAIS QUELLE EST LA QUESTION ?

NIL

Pocket, une marque d'Univers Poche, est un éditeur qui s'engage pour la préservation de son environnement et qui utilise du papier fabriqué à partir de bois provenant de forêts gérées de manière responsable.

Le Code de la propriété intellectuelle n'autorisant, aux termes de l'article L. 122-5, 2e et 3e a), d'une part, que les « copies ou reproductions strictement réservées à l'usage privé du copiste et non destinées à une utilisation collective » et, d'autre part, que les analyses et les courtes citations dans un but d'exemple et d'illustration, « toute représentation ou reproduction intégrale ou partielle faite sans le consentement de l'auteur ou de ses ayants droit ou ayants cause est illicite » (article L. 122-4).
Cette représentation ou reproduction, par quelque procédé que ce soit, constituerait donc une contrefaçon, sanctionnée par les articles L. 335-2 et suivants du Code de la propriété intellectuelle.

© NiL éditions, Paris, 2012
ISBN 978-2-266-24063-5

Chose promise
dans un autre temps,
dans un autre monde,
chose due quand même...

... à Dorothea.

Toute ressemblance avec des personnes existantes serait-elle fortuite ?

« *La réponse est oui. Mais quelle était la question ?* »

Woody Allen

« *Le premier penseur fut sans nul doute le premier maniaque du* pourquoi. *Manie inhabituelle, nullement contagieuse. Rares en effet sont ceux qui en souffrent, qui sont rongés par l'interrogation, et qui ne peuvent accepter aucune donnée parce qu'ils sont nés dans la consternation.* »

Cioran, *De l'inconvénient d'être né*

« *Pourquoi, pourquoi : tu ne sais dire que cela à tout le monde. Tu promènes ton* pourquoi *sous le nez des gens comme une sébile.* »

Frédéric Dard, *Le Norvégien manchot*

« *Tous ces gens (Zitrone, Sabatier, Dechavanne, Delarue, Hitch, Ardisson, Nagui, Chancel, Field) qui sont devenus riches et célèbres rien qu'en posant des questions.* »

Patrick Besson, *Le Plateau télé*

Comment aurais-je pu imaginer que poser des questions pour gagner ma vie allait me la compliquer, et même, souvent, me la rendre infernale ? Rien ne paraît moins risqué pour un journaliste que d'interviewer des célébrités du moment. On publie ou on diffuse les réponses, certaines font un peu de bruit, et l'on passe à une autre vedette sous les feux de la rampe. Où est le danger ? Pas dans les réponses, qui sont vite oubliées. Elles forment des strates dans les archives avant de se transformer en une sorte d'humus journalistique.

Le danger provient des questions. De l'habitude de les poser. D'une accoutumance à montrer de la curiosité pour des personnes rencontrées précisément parce qu'elles excitent la curiosité du public. Toute l'année, je vais de l'une à l'autre, de celui-ci à celle-là, avec des flopées de questions dans la tête. Je suis un interrogateur professionnel. Un enquêteur compulsif. Un confesseur laïc. Quand je me regarde dans la glace, il me semble que je ressemble de plus en plus à un point d'interrogation, surtout avec mon crâne rasé, aussi rond et lisse que le sommet de ce signe de ponctuation. Pour mon malheur, le questionnement grâce auquel je me suis fait un nom dans la presse écrite, à la radio et à la télévision, s'est étendu à ma vie privée. Je souffre d'une maladie chronique que j'appelle la «questionnite». Son symptôme est évident, identifié de tous mes proches : je n'arrête pas de leur poser des questions. Je ne peux pas m'en empêcher. C'est plus fort que moi. C'est une seconde nature. Je suis en état de perpétuelle curiosité. Et de manque si je ne parviens pas à la satisfaire. Je ne suis pas le type qui se contente d'un machinal «comment vas-tu?» Je veux savoir. Quoi? Peu importe, je veux savoir. Toute personne détient de grands ou petits secrets qu'elle n'entend pas divulguer, mais que mes questions peuvent l'amener à avouer. Il n'y a pas d'homme ou de femme sans double fond. Sans mystères, sans cachotteries, sans arrière-pensées. Moi, j'en ai. Beaucoup. Heureusement, je ne suis jamais tombé sur un loustic comme moi qui vous bombarde de questions et qui, à la longue, devient insupportable.

Ô lecteurs, aimables lecteurs anonymes qui n'avez pas enduré le supplice de mes questions, je vous prie de compatir au récit de la triste vie d'un homme qui a laissé sa profession contaminer jusqu'à son intimité. Serez-vous émus par mes souffrances? Vous moquerez-vous au contraire de ce qui vous apparaîtra comme une maniaquerie? Vous amuserez-vous, et même vous réjouirez-vous de mes déboires causés par ce qu'il faut bien appeler un vice? Vous direz-vous qu'il vaut mieux me croiser dans un livre plutôt que dans un bureau, un restaurant ou un lit? Chemin faisant, vous interrogerez-vous sur votre propre usage des questions? Sur votre inclination ou vos réticences à les poser ? Sur votre aptitude à les bien formuler ? Sur vos réactions aux questions qui vous sont posées ? Sur votre ennui ou votre plaisir à y répondre ? Sur...

Voyez, lecteurs amènes, je suis incorrigible, nous avons fait connaissance il n'y a pas deux minutes, et, déjà, vous avez reçu une dizaine de questions comme poings en rafales sur un punching-ball.

La confession

La veille de ma confirmation – j'avais donc treize ans – je découvris par hasard la technique et le plaisir de poser des questions pour ne pas avoir à y répondre. C'était à confesse. D'habitude, le prêtre me demandait quels chagrins j'avais causés à Jésus depuis la dernière fois que nous nous étions réunis tous les trois, Jésus, lui et moi. J'énumérais rapidement quelques péchés, toujours dans le même ordre. Le confesseur n'insistait pas et m'absolvait. Deux « Notre Père », deux « Je vous salue, Marie », et je me relevais pour laisser la place à un camarade. Rien de gênant dans cette confession routinière. On était dans la convention. Cela m'allait très bien. Tout était dit d'avance. Dans les religions, tout est écrit d'avance. C'est leur force, gage de pérennité. Qu'est-ce que le rituel ? Des réponses formatées à des questions oubliées.

Mais la confession avant la confirmation du lendemain ne serait pas aussi simple. À coup sûr, elle ressemblerait à celle de l'année précédente, qui préparait à la communion solennelle. Elle avait été longue, minutieuse, indiscrète, très gênante. J'avais été obligé de ne rien laisser dans l'ombre. J'avais aussi écopé de deux «Notre Père» et de deux «Je vous salue, Marie», mais après avoir été forcé de passer ma conscience au gant de crin. Il était probable que la même épreuve m'attendait, surtout que j'étais tombé sur le même inquisiteur. Pauvre petit pécheur!

— As-tu été paresseux?
— Ben, oui...
— Cela a l'air de te paraître évident?
— Ben, oui... C'est agréable de souffler un peu de temps en temps, de rêver, de rien faire.
— As-tu commis le péché de gourmandise?
— Oui, bien sûr!
— Pourquoi bien sûr?
— C'est bon, alors j'en reprends.
— T'es-tu montré jaloux? Envieux?
— Euh..., oui.
— Vis-à-vis de qui?

(Question idiote: est-ce que je peux être jaloux de lui? de De Gaulle? de Corneille? de Racine? de Vercingétorix?)

— De mes camarades, évidemment!
— Lesquels?
— J'envie mes camarades qui apprennent plus vite que moi, qui courent plus vite que moi, qui jouent au foot mieux que moi...
— Au lieu de les jalouser, tu devrais les admirer.
— Je les admire et je les jalouse. (Bien envoyé!)
— Et l'égoïsme?
— Un peu, probablement.
— Comment, probablement?

— Je veux dire certainement. (Il est lourd !)
— De la colère ?
— Non, jamais. (Je la sentais pourtant monter en moi.)
— Est-ce que tu t'es montré cruel envers tes camarades ? Envers les animaux ?
— Ah, non, pas les animaux !

Les questions ne m'embarrassaient pas, elles me déplaisaient. Parce qu'elles étaient posées sous la contrainte. À genoux dans le confinement obscur du confessionnal, je me sentais coincé. Non pas traité comme un pécheur, mais comme un délinquant. Avouer mes péchés, j'en étais d'accord, mais pas de cette manière pointilleuse, insistante, qui me privait de toute liberté. Allais-je continuer de me laisser humilier en passant en revue le catalogue des péchés mortels et véniels ? Justement le prêtre en était arrivé au deuxième péché capital.

— L'orgueil, le détestable orgueil. Je t'écoute...

Là, j'ai été formidable. Je n'ai rien répondu. Je n'ai rien dit pendant un temps qui parut très long à l'un et à l'autre.

— Je précise ma question, reprit le confesseur, étonné par mon silence. As-tu commis le péché d'orgueil parce que, vois-tu, dans certaines circonstances, après un succès, et même après un échec...
— Oui, maintenant.
— Comment, maintenant ?
— Maintenant, pendant que je réfléchissais à votre question.
— Je ne comprends pas.

— Eh bien, c'est à cause de la confession, de la façon différente, aujourd'hui... Toutes vos questions, vos demandes de précisions... C'est long, c'est long, et c'est loin d'être fini... J'ai l'impression d'être pris au piège. Alors je n'ai rien dit pendant quelques secondes... Volontairement. Le silence pour protester... Par amour-propre, par orgueil...

Interloqué, le prêtre avait tourné la tête vers moi. Mais je ne voyais que le bas de son visage, son regard restant dans l'ombre.

— La confession est faite, reprit-il, pour nous amener à l'humilité, au repentir. Nous sommes tous des pécheurs et nous devons nous dépouiller de tout orgueil pour nous incliner devant Dieu et lui demander pardon de nos fautes.

— Oui, c'est vrai. Mais, là, ce n'est pas comme d'habitude. Je me sens, comment dire ? mortifié. Vexé aussi.

— Quel orgueil !

— Oui, sûrement. Pas trop, j'espère ?

— Si, si, c'est beaucoup d'orgueil.

— Pourquoi ?

— Parce que nous sommes dans la maison du Seigneur, dans un lieu saint où notre orgueil, cette chose si dérisoire, ne devrait jamais entrer.

— Oui, mais là il est entré. Comment expliquez-vous cela ?

— Par ta nature rebelle, parce que tu manques d'humilité.

— Je vous ai quand même avoué mon péché. Et je l'ai fait en direct.

— En direct ?

— Je vous ai avoué mon péché en même temps que je le commettais. C'est comme à la télévision : les téléspectateurs entendent les gens au moment où ils parlent devant les caméras. On dit que c'est du direct. Vous êtes choqué, mon père ?

— En direct, je te dis que, oui, je suis choqué, je suis peiné.

— Mais par quoi ?

— Par ton orgueil, particulièrement déplacé et inadmissible pendant la confession.

— Alors, je n'aurais pas dû vous le dire ?

— Si, je reconnais que tu as bien fait.

— Si je vous l'avais caché, est-ce que ç'aurait été un péché ?

— Bien sûr !

— Mais, mon père, je n'ai pas réfléchi, c'était spontané. C'est plus grave si c'est spontané ?

— Non, je ne pense pas... Au contraire.

— Au contraire ?

— Oui, tu as été assez lucide et courageux pour avouer ta faute au moment où tu la commettais.

— Est-ce que ça arrive souvent, des péchés commis et avoués en direct au confessionnal ?

— Non, je ne le pense pas.

— Pour vous, c'est le premier ?

— Attends que je me souvienne... Oui, le premier, je crois.

— Ce serait un péché si j'en tirais de la vanité ?

— Évidemment.

— Au fond, quand on y réfléchit, les seuls péchés qui peuvent être commis dans un confessionnal, ce sont des péchés par la pensée ?

— Oui, je suppose, répondit le prêtre, décontenancé.

— Par exemple, des pensées impures pendant que nous nous accusons d'avoir eu des pensées impures ?

Le confesseur réalisa tout à coup que j'avais renversé les rôles, que c'était moi qui, depuis un moment, lui posais des questions, que je l'avais manœuvré et égaré. Mais il n'allait pas se fourvoyer un peu plus en piquant une colère dans un confessionnal. Il fit comme s'il n'avait pas entendu la dernière et pernicieuse question. Il choisit la fuite. Il reprit la parole pour m'exhorter à emprunter avec humilité, sérénité et courage les chemins qui mènent à Dieu. Ce fut bref, et sans me poser une seule autre question – ainsi échappais-je aux aveux sur des lectures sous le manteau et sous la ceinture, et sur de polluantes pratiques nocturnes –, il m'annonça ma pénitence : trois « Notre Père » et trois « Je vous salue, Marie ». Puis il m'accorda son pardon.

Ainsi ai-je découvert, peut-être avec l'aide du Seigneur qui aime à se montrer facétieux envers ses serviteurs, que, le pouvoir étant dans les questions et la sujétion dans les réponses, il est très jouissif d'intervertir les positions. Pendant quelques secondes, de faible j'étais devenu fort.

Je ne l'oublierai pas.

L'enfer et le paradis

De cette confession je retirai la conviction que je ne devais plus me satisfaire d'une foi enregistrée et certifiée. Il me fallait désormais interroger les dogmes. Enfin, ceux que je comprenais un peu. Pour l'Immaculée Conception, bon, je devrais attendre. Pas facile, délicat, embarras général. Le péché originel, késaco ? L'Assomption, j'étais pour. Quoi de plus beau qu'une femme qui, comme une fusée spatiale, s'élève dans le ciel en majesté ?

En revanche, je ne croyais pas à l'enfer où l'on rôtit, ni au paradis où l'on chante en bronzant. J'eus alors une représentation très précise de l'un et de l'autre. Elle ne recevra pas le *nihil obstat* du Vatican, mais je la crois assez convaincante, puisque c'est la mienne depuis plus de quarante ans, pour être exposée à des esprits curieux des choses de l'au-delà.

C'est simple : au paradis, on répondra à toutes vos questions ; en enfer, on ne répondra à aucune.

Les élus seront animés par un inextinguible appétit de connaissance. Le plaisir d'apprendre ne les lâchera plus. Chacun pourra choisir les domaines dans lesquels, faute de temps sur terre, faute aussi d'intelligence ou de courage, il en était resté au b.a.-ba. Les anges, les archanges, les séraphins, les dominations, les trônes, les vertus, autant de professeurs enchantés de dispenser leur savoir à des hommes et à des femmes enivrés de percer peu à peu les secrets de la Création et d'entrer dans les desseins de Dieu. Peut-être certains regretteront-ils l'absence de cancres ? En tout cas, pas les anciens cancres maintenant auréolés de lumière.

Cependant, la vraie récompense des élus viendra de la possibilité, qui sera constamment la leur, de poser des questions au Seigneur, non seulement sur les énigmes de l'Histoire, mais aussi sur les grands et petits secrets de leur vie et de celle de leurs proches. Tel jour, telle heure, que s'est-il passé ? Qu'est-ce qui s'est dit ? Qu'ont-ils fait ? C'était qui ? Et pourquoi ? Et comment ? Il suffira de demander : vous obtiendrez la réponse dans les meilleurs délais. Et peu importe que cette réponse soit décevante ou même cruelle, parce que votre état de bienheureux vous préservera de tout sentiment d'humiliation, de colère ou de revanche. Vous saurez, et votre plaisir tiendra dans la réponse, quelle qu'elle soit. Le paradis sera, sans dommage pour quiconque, une gigantesque et joyeuse entreprise de satisfaction des curiosités posthumes.

Et ce n'est pas tout. Car les élus pourront suivre au jour le jour la vie sur terre. Qui n'aura envie de connaître ce qu'il adviendra au fil des ans de sa veuve, de son amant, de ses enfants, de ses petits-enfants, de ses amis, de ses collègues de travail, de ses voisins ? Qui ne voudra continuer de s'intéresser à la carrière et à la vie amoureuse des « people » du cinéma, de la chanson, de la mode, de la télévision, etc., d'autant que les chances de les côtoyer un jour parmi les élus seront faibles ? Tout ça, c'est du gibier pour l'enfer. Qui ne sera pas avide d'apprendre comment va se dérouler la suite de l'histoire de son pays et du monde ? Le spectacle sera permanent. Grande sera la pitié pour les vivants, et la seule contrainte qu'auront à supporter les bienheureux sera l'impossibilité pour eux, ne serait-ce que par des conseils, d'empêcher les hommes sur terre de courir à leur perte. De même, il ne leur sera pas possible de les exhorter – le Seigneur n'est pourtant pas très exigeant – à mériter par quelques beaux gestes l'éternelle félicité du savoir.

En enfer, la curiosité des damnés sera aussi dévorante que celle des hôtes du paradis. Leur soif de connaissance sera pareillement violente. Eux aussi seront taraudés par des milliers de secrets touchant à leur vie personnelle, à celle de leurs proches, à l'Histoire, à la Création, à l'évolution de l'univers et du monde d'aujourd'hui. Mais aucun de ces secrets ne leur sera dévoilé. Toutes leurs questions resteront à jamais sans réponse. Et leurs questions produiront d'autres questions qui elles-mêmes en engendreront d'autres, toutes n'obtenant aucune réponse du Seigneur. Ils ne le verront jamais et ils ne cesseront de se demander s'Il existe, ne recevant pas plus de Lucifer et de ses diables silencieux ou ricaneurs de réponse à cette question.

Nus, ne souffrant ni du chaud ni du froid, ne souffrant de rien d'autre que de l'ignorance de tout à laquelle ils sont éternellement condamnés, les maudits lèvent les bras comme dans de gigantesques raves techno. Ils se tordent les mains, psalmodient leurs questions, les réitèrent sans fin, en modifient la forme, les reprennent, en changent, les hurlent parfois dans des accès de désespoir, puis les marmonnent ou les éructent, les grommellent ou les jappent, croyant contre toute raison qu'un jour quelqu'un leur répondra et apaisera leur monstrueuse avidité de connaissance.

Comme dans les prisons, les gens célèbres sont rassemblés dans un quartier spécial. Pour eux l'enfer est le même, mais leurs questions sont différentes de celles du commun des morts. Ce qui les torture, c'est la postérité. Mon œuvre ? Mon héritage ? Ma légende ? Mes idées ? Ma gloire ? Ma survie ? Ma place dans l'histoire ? dans la littérature ? dans les arts ? dans les sciences ? Mes élèves ? Mes successeurs ? Mon immortalité (pour les académiciens) ? Ma mémoire ? Mon influence sur terre ? Ils n'obtiennent pas plus de réponses que les damnés ordinaires, mais eux qui ont joui du pouvoir, des éloges et des flatteries, souffrent encore plus du silence éternel des espaces infinis (non, Pascal n'est pas parmi eux).

Seigneur, je vous en prie, préservez-moi de l'enfer. De par ma nature et mon métier, j'y serais encore plus malheureux que les autres damnés, célèbres ou ordinaires. De toute évidence, le paradis est fait pour moi. Je vous impressionnerai, Seigneur, par l'étendue de ma curiosité, par ma soif de connaissance, par l'abondance et la variété de mes questions. Peut-être serez-vous même tenté de faire de moi un élu de vos élus. Amen.

Mais rien ne presse.

Seigneur, qu'est devenu Teddy Vrignault, disparu le 1ᵉʳ novembre 1984 sans laisser aucune trace, et que son partenaire des Frères ennemis, André Gaillard, et la police, ont recherché en vain ?

Seigneur, qui était cette Louise dont l'identité n'a jamais été percée, à qui Balzac a écrit vingt-trois lettres en 1836 et 1837, et dont on ne connaît qu'une seule lettre à l'écrivain ?

Seigneur, qui a poignardé et égorgé, en avril 1919, à Chassignolles, dans le Berry, Louis Bachelier, cinquante-deux ans, dont le corps a été découvert au bord du lavoir, les jambes dans l'eau, un bras levé comme pour se défendre, le poing serré ?

Seigneur, quel est le seul acte dont Titus, au moment de mourir, dit avoir à se repentir, mystère resté entier pour Suétone et les historiens qui lui ont succédé ?

?

Ma mère m'a rapporté que je ne manifestais ma présence dans son ventre que lorsque, debout, elle bavardait. Elle interpréta mes ruades comme la volonté de me mêler déjà de la conversation et d'interroger ses interlocuteurs. Mais j'avais exprimé mon désir de devenir journaliste quand elle avança pour la première fois cette hypothèse, ce qui lui retire du crédit.

J'aurais bien aimé qu'on dît de moi que, sitôt apparu, encore gluant, j'avais demandé à ma mère et à mon père, qui assistait à l'accouchement, leur nom de famille et le prénom qu'ils m'avaient choisi. Mais, semblable à tous les nouveau-nés, je n'ai émis que des vagissements dans lesquels il était difficile de déceler des questions existentielles.

Cependant, mes parents repérèrent deux présages de ma vocation de questionneur. Quand j'eus à écrire et à retenir les signes de ponctuation, je me pris de passion pour le plus difficile à reproduire : le point d'interrogation. J'en faisais de toutes les tailles, de toutes les couleurs, variant en particulier la couleur du point avec celle du tracé du signe. Je fermais plus ou moins la boucle. Je penchais plus ou moins la barre descendante. Je traçais des points d'interrogation en forme d'hameçon, de portemanteau, de serpe, de crochet, de houe, de gaffe. Le point d'exclamation m'amusait moins parce qu'il ne se prêtait pas à autant d'avatars. Le point-virgule n'était pas sans charme, mais je ne comprenais pas à quoi il servait et je ne savais où le mettre.

Autre signe prémonitoire de mon indiscrétion professionnelle : vers l'âge de six ou sept ans, je soulevais les robes et les jupes des dames pour savoir ce qu'il y avait dessous. Au début, mes parents s'amusèrent de cette innocente espièglerie, puis, devant les réactions parfois embarrassées de leurs amies, se fâchèrent tout rouge. Voilà un petit vicieux qui promettait ! On comprit bien plus tard que je n'étais pas animé par de précoces pulsions sexuelles, mais que je manifestais avec ingénuité de la curiosité pour des choses cachées auxquelles, d'un simple geste, il était facile d'accéder.

C'était pour satisfaire la même envie que j'ouvrais souvent les tiroirs des armoires, des commodes, des guéridons, des bureaux, des bibliothèques, des tables, des coiffeuses. Pas un tiroir qui ne dissimule du roman. J'ôtais les couvercles des boîtes, des bonbonnières, des pots, des tabatières, des coffres, des maies. Pas un couvercle qui ne libère une petite intrigue, au moins une question. Où il y avait, me semblait-il, du secret, j'aimais fourrer mon nez, façon de dire que je glissais un œil dans le trou des serrures et que je collais une oreille aux murs mitoyens. J'ai soulevé beaucoup de tapis. Je n'ai jamais été surpris en train de lire des lettres qui ne m'étaient pas destinées. Je me suis penché sur le linge sale des autres, et pas seulement au sens figuré. Toujours j'ai été intrigué par l'ombre, le recto, l'anfractuosité, l'entre-deux, le codicille, la cicatrice, l'ange qui passe. Ça m'amuserait d'aller sur la lune, mais sur sa face cachée.

C'est de mon père que j'ai hérité mon goût pour les questions. Il était médecin généraliste. Il disait que les patients qui l'intéressaient le plus, c'étaient les nouveaux. Par ses interrogations il découvrait leur histoire, leur personnalité, les maux dont ils souffraient. Sur chacun, avec soin, il remplissait une fiche et, me confiait-il, quand il leur posait une question qui pouvait les gêner, il ne les regardait pas dans les yeux, les siens restaient sur la fiche blanche où il écrivait les réponses.

Il me faisait remarquer avec malice que, moi, journaliste, je n'aurais jamais à ma disposition l'instrument qui lui permettait d'entrer plus avant dans la connaissance de l'autre : le stéthoscope. Pendant les interviews de quelques grands médecins qu'il m'est arrivé de faire, je pensais à mon père et je me demandais comment auraient réagi ses prestigieux confrères si j'avais sorti de ma poche un stéthoscope de presse me permettant, leur aurais-je expliqué, de connaître plus intimement leurs sentiments et leurs idées.

Selon mes parents, enfant, je ne posais pas plus de questions que mon frère aîné Nicolas ni que ma sœur cadette Marie-Lou. Et c'étaient à peu près les mêmes curiosités : Pourquoi le lait se sauve-t-il de la casserole en bouillant ? Pourquoi chaque enfant dort-il seul dans son lit alors que les parents dorment à deux ? Pourquoi fait-on des rêves où l'on a peur et où l'on est idiot ?

Pourquoi le chat reste-t-il à la maison et ne va pas à une école pour chats ? Pourquoi un objet qu'on lâche tombe par terre ? Pourquoi papa et maman s'embrassent-ils sur la bouche et nous sur les joues ? D'où vient le vent et où va-t-il ? Bon, j'arrête, c'était, à quelques variantes près, le questionnaire habituel des familles avec enfants. Ah, si, toujours selon mes parents, il y eut un jour une question très originale qui les laissa perplexes, qui n'était pas de moi, mais de ma sœur : est-ce qu'il arrive aux poissons d'avoir soif ?

Ce n'est qu'après la confession de la veille de ma confirmation que, ayant découvert le confort de poser des questions, je décidai d'en jouir le plus souvent possible, en particulier au collège, puis au lycée. Je n'hésitais pas à interrompre un professeur pour lui demander une précision, pour lui soumettre une réflexion ou pour lui proposer une variante. Certains s'en irritaient, d'autres s'en accommodaient, d'autres encore m'en félicitaient. Je m'efforçais d'intervenir à bon escient, en sorte que, suivant les cours avec une attention sans faille, je fis des progrès dans des matières où j'avais jusqu'alors peu brillé. Je devins un bon élève.

Mon interventionnisme suscita chez mes camarades de la jalousie ou de l'ironie. Pour certains je n'étais qu'un fayot, un petit ambitieux qui faisait de la lèche aux profs pour obtenir sur son carnet d'excellentes notes que des louanges accompagneraient. Cette mauvaise réputation fut la première conséquence fâcheuse de mon entrée dans le monde chatoyant des questions.

Le baiser en question

Toutes les filles à qui je demandais : « Est-ce que je peux te faire la cour ? » ne réagissaient pas de la même façon. Certaines disaient : « Mais comment tu parles, toi ? » D'autres : « Tu veux me draguer, c'est ça ? » J'observais que, inattendue, démodée, la question ravissait certaines et amorçait déjà leur séduction. On sortait de mai 68 et je trouvais qu'un retour à d'anciens usages faisait un contraste qui pouvait plaire.

Trente ans après, à une femme d'un certain âge que j'essayais de reconquérir, j'envoyai un courriel qui se terminait ainsi : « Puis-je de nouveau te faire la cour ? » La formulation l'amusa et elle répondit favorablement.

Dans mes débuts amoureux, un peu par timidité, beaucoup parce que c'était ma manière de me comporter, je procédais par des demandes. « Je peux t'offrir un verre ? » « Je peux te raccompagner ? » « Tu peux me donner ton numéro de téléphone ? »

« Je peux t'embrasser ? », murmuré alors que ma bouche n'était qu'à quelques centimètres de la sienne, suscitait des réponses favorables mais ironiques : « Ben, qu'est-ce que t'attends ? » « Bien sûr, idiot ! » « Tu crois vraiment que tu as besoin d'une autorisation ? » « Si tu en as envie... » « Depuis le temps... » Il y en avait aussi qui ne répondaient pas et qui décollaient leurs lèvres pour le baiser.

Dix, vingt ans après ces premiers flirts qui, parfois, étaient allés plus loin, rencontrant par hasard ces jeunes filles devenues mères de famille, elles se rappelaient, non pas notre premier baiser, mais ma demande. « Tu es le seul homme qui m'a demandé l'autorisation de m'embrasser. C'était charmant. »

À ma sollicitation j'apportais des variantes.

« J'ai une folle envie de vous embrasser. »

« Ce n'est pas à ce moment du scénario que les amoureux s'embrassent ? »

« Pour un premier baiser, il faut toujours faire un vœu. Ce serait bien que tu en fasses un... »

« J'ai rêvé cette nuit que je vous embrassais sur la bouche. Vous voulez bien que je réalise mon rêve ? »

Il y avait des tu, il y avait des vous, il y avait toujours chez moi ce bavardage préparatoire au baiser. Pour la suite je me montrais moins prévenant. J'alternais les initiatives sans concertation et les envies négociées. Une constante quand même : j'ai toujours demandé à ma partenaire la première fois si elle préférait être déshabillée par mes soins ou se déshabiller elle-même. Les égocentriques, les orgueilleuses optent toujours pour un dévêtement égoïste dans la salle de bains.

Plus tard, j'ai interrogé un psychanalyste sur les raisons pour lesquelles je ne me lançais pas comme la plupart des hommes dans un premier baiser aussi soudain que conquérant. Pourquoi, au risque d'un refus, je proposais à la jeune fille ou à la jeune femme de l'embrasser.

— Par conscience professionnelle, me répondit-il.

— Pardon ?

— Vous n'étiez pas encore journaliste, mais vous alliez le devenir. Peut-être faisiez-vous déjà des interviews ?

— Oui, dans le journal de l'Université.

— Or, qu'est-ce qui est important dans une interview ? Les réponses de la personne interrogée à vos questions. Et d'où sortent ses réponses, ses phrases, ses mots ? De sa bouche. Pour vous, apprenti journaliste, plus tard, journaliste, la bouche de l'autre est primordiale. Elle est sacrée. C'est elle qui vous fait travailler, qui vous fait vivre. Sans la bouche de l'autre vous n'êtes rien. D'où votre crainte et votre respect de cette bouche, de ses lèvres, de sa langue. Vous ne foncez pas dessus comme une brute. Vous la regardez avec envie, avec circonspection, vous vous en approchez, et, de même que vous sollicitez une interview, vous sollicitez un baiser. C'est la même démarche. Votre conscience de journaliste vous y oblige.

C'était bien vu. D'ailleurs, les rares fois où, sans la prévenir, sans lui demander l'autorisation, j'ai embrassé une femme sur la bouche, j'ai eu la désagréable impression d'avoir commis une faute professionnelle.

Seigneur, qui était cette Marguerite, jeune Tarbaise inconnue, dont le lycéen Jules Laforgue, quinze ans, était amoureux, et qui resta pour lui une cruelle désillusion sentimentale ?

Seigneur, qui sont les assassins des sept religieux français de la communauté de Tibhirine, en Algérie, enlevés dans la nuit du 26 au 27 mars 1996 ?

Seigneur, a-t-on raison d'attribuer à Léonard de Vinci l'escalier à double révolution du château de Chambord ?

Seigneur, chez les hyènes tachetées – et seulement chez les tachetées –, pourquoi la femelle est-elle plus grosse, plus forte et plus agressive que le mâle – ce qui est rare chez les mammifères – et pourquoi est-elle pourvue d'un clitoris géant par lequel naissent ses petits ?

Le joker de De Gaulle

M. Briffon était un professeur d'histoire très sympathique. L'on pouvait, après une heure de cours, prolonger celui-ci d'une manière informelle, dans des conversations sans protocole, détendues et souvent rieuses. Fils d'un diplomate qui fut l'un des premiers Résistants à rejoindre de Gaulle à Londres, il était un fervent gaulliste. La mort récente du Général l'avait beaucoup affecté. Mais il était assez débonnaire pour qu'on parlât avec humour de son grand homme.

— Grand, il l'était, dis-je. Plus d'un mètre quatre-vingt-dix...

— Un mètre quatre-vingt treize, précisa M. Briffon.

— De Gaulle aurait-il eu le même destin s'il avait été un petit homme râblé, un peu ventripotent ?

— Bonne question, Hitch. Je vous dis que c'est une bonne question parce que je me la suis posée. Ma réponse est oui. Il aurait eu le même destin, la même réussite, mais je pense que ç'aurait été plus difficile pour lui. Parce que, bien évidemment, sa haute taille en imposait. Il parlait de haut, ses paroles tombaient sur ses interlocuteurs, et elles auraient eu moins de poids si elles avaient été dites à l'horizontale ou, pire, de bas en haut. Mais la force de ses idées et de ses convictions, sa maîtrise du verbe auraient fini par l'emporter. D'ailleurs, sa taille n'a pas toujours été un atout. Churchill était très agacé d'avoir devant lui un Français, rebelle de surcroît, qui l'obligeait à lever la tête.

— Et si de Gaulle, repris-je, avait été un petit homme râblé, non pas né à Lille, mais à Marseille, et, ayant parlé avec un fort accent du Midi, s'il avait ressemblé à un personnage de Pagnol ?

— Non, là, vous exagérez. Et pourquoi pas un petit rouquin qui aurait louché comme Sartre et qui aurait eu des tics comme Malraux !

Je ris comme les quatre ou cinq lycéens de terminale qui entouraient le prof. Mais j'en venais déjà à une autre question.

— Ne trouvez-vous pas, monsieur, que c'était une chance pour lui de s'appeler de Gaulle, et non pas Dupont, Durand ou Martin ?

— Oui, je crois que son nom le prédisposait à avoir un destin national. Certes, la Gaule ne prend qu'un l alors que son nom en comporte deux. Mais, phonétiquement, son patronyme était déjà historique, comme si ses racines avaient traversé les siècles.

— C'est son nom qui lui a donné de l'ambition ou c'est son ambition qui a été corroborée par son nom ?

— Disons, répondit M. Briffon, qu'il y a une heureuse adéquation entre son nom, sa carrière militaire et sa carrière politique. C'était un élu de l'Histoire, l'Histoire avec un grand H. Comme Jeanne d'Arc, comme Napoléon, comme... De cette trempe-là je n'en vois pas beaucoup.

J'ai souvent pensé à de Gaulle, probablement parce qu'il est l'un des hommes que je regrette le plus de n'avoir pas interviewé. Il y en a d'autres : Socrate, Alexandre le Grand, Cléopâtre, Saint Augustin, Henri IV, Louise Labé, Voltaire, Danton, Hugo, Lénine, Marie Curie, Marcel Cerdan, etc. Quand de Gaulle est mort, en 1970, je n'avais que quinze ans. Par rapport à Alexandre le Grand, je l'ai frôlé. Trop tard quand même. Je lui aurais proposé une émission de télévision intitulée « Les Lectures de Charles de Gaulle ». On aurait parlé de Barrès, de Péguy, de Bergson, de Thucydide, de Chateaubriand, etc. Ou bien un long entretien sur un thème à la mesure du personnage : « La France de Charles de Gaulle ».

J'aurais rediffusé la fameuse séquence de l'Hôtel de Ville quand de Gaulle, le 25 août 1944, entouré, acclamé par la foule en liesse, s'écria, détachant bien chaque proposition : « Paris outragé... Paris brisé... Paris martyrisé... Mais Paris libéré ! » Chaque fois qu'à la faveur d'un documentaire sur la Seconde Guerre mondiale je revois et réentends ce sommet de l'éloquence, je suis épaté. Cette envolée brève, dense, ce sublime raccourci des quatre années terribles vécues par Paris, était-ce une improvisation ou les termes en avaient-ils été choisis tandis que le Général entrait en vainqueur dans la capitale ?

— Ces mots historiques, mon Général, vous sont-ils venus comme ça, dans l'inspiration d'un moment grandiose, ou les aviez-vous jetés sur un bout de papier avant de franchir la Seine ?

Si, si, j'aurais osé lui poser cette question lèse-majesté. Non, elle n'est pas mineure. Je pense que de Gaulle aurait répondu que son discours de l'Hôtel de Ville avait été improvisé. Je l'eusse alors interrogé sur la parole quand elle est l'émanation spontanée et brûlante de l'Histoire.

Il est une autre question à propos de De Gaulle qui m'a toujours trotté dans la tête et à laquelle hélas ! je n'obtiendrai jamais de réponse ici-bas, c'est sur sa mort. Vers dix-neuf heures, le 9 novembre 1970, dans son salon de La Boisserie, à Colombey-les-deux-Églises, il faisait une réussite quand il fut victime d'une rupture d'anévrisme. Quelle est la dernière carte que le Général a retournée avant de s'affaisser ? Quelle est cette ultime et funeste carte sur laquelle s'est achevé le parcours d'un grand stratège qui avait tant de fois au cours de sa vie politique parié, joué et, le plus souvent, gagné ? Aimeraient aussi le savoir les gaullistes, les historiens, les chroniqueurs. Et les superstitieux, si nombreux chez les batteurs, coupeurs, distributeurs et ramasseurs de cinquante-deux cartes, tous ceux qui les retournent avec l'espoir de voir apparaître celle qui leur a toujours porté chance et dont ils attendent une nouvelle fois une assurance sur l'avenir.

Depuis Pouchkine la dame de pique a mauvaise réputation. Je n'imagine pas que la vie de Charles de Gaulle, à nulle autre pareille, ait pu s'arrêter sur une figure aussi conventionnelle. Un roi serait plus conforme à sa légende. Ou un as. Un valet, ce serait trop bête, presque ridicule. J'écarte cette éventualité qui ne serait pas digne. Encore que la mort ne soit pas avare de pieds de nez. Tout de Gaulle qu'il fut, il n'était pas à l'abri d'une cruelle facétie de l'Histoire. Peu probable, tout de même. Je suis certain que la mort a elle aussi été respectueuse. Impressionnée de devoir mettre le point final à une biographie hors du commun.

Ce soir-là, de Gaulle a-t-il perçu que l'enchaînement des cartes ne lui avait jamais été aussi hostile, qu'il s'était engagé dans une partie noire, pleine de dangers, et qu'il pouvait en craindre le pire ? Depuis bientôt quatre-vingts ans têtu comme la pointe du Raz, au lieu d'interrompre une réussite qui méritait de moins en moins son nom, il a dû bravement prendre le risque d'aller jusqu'au bout. En cours de route, il y eut la carte fatale et la rupture d'anévrisme.

Mais quelle carte, ventrebleu ?

Dans *Choses vues*, Victor Hugo évoque des tireuses de cartes pour qui la mort d'une personne était annoncée quand la main retournait à la suite, dans le pique, l'as, le huit et le dix. Le soir du 9 novembre 1970, Charles de Gaulle, légende du siècle, a-t-il déroulé sous la lampe une fatidique suite hugolienne de piques ?

Nous ne le saurons jamais. Parce que personne, ce soir-là, à La Boisserie, tant l'émotion, puis l'angoisse, enfin la douleur étaient violentes, le trouble proche de la panique, n'eut assez de sang-froid pour jeter un œil sur le jeu étalé. Dans la nuit, ou peut-être le lendemain matin, alors que l'on s'était fait à l'idée que le Général était mort et que l'impuissance et le chagrin avaient ramené le calme, quelqu'un a ramassé les cartes, les a réunies en paquet, sans leur porter une attention particulière, comme s'il s'agissait des vestiges d'une réussite ordinaire, d'un jour ordinaire, d'un joueur ordinaire. Comment un tout petit peu de jugeote ou un souffle brusque de l'Histoire n'a-t-il pas arrêté le geste irréfléchi, quasi criminel, du chef du secrétariat ou de la femme de ménage ? Ou de Mme de Gaulle, peut-être ? Elle désirait que sa maison fût impeccablement tenue. Des gens importants allaient venir pour se recueillir devant la dépouille de son mari. Alors, des cartes en vrac sur une table...

Il aurait fallu ne toucher à rien. Abandonner la patience du Général en l'état où la mort l'avait interrompue. En faire une pièce de musée, une installation. La laisser à l'étude des experts des jeux de cartes, du gaullisme, de l'histoire, du destin.

J'étais un journaliste déjà un peu connu quand j'ai rencontré M. Briffon à un colloque sur l'histoire contemporaine. Nous sommes allés boire un café et nous avons parlé, comme il était prévisible, de De Gaulle. Je lui ai fait part de ma lancinante interrogation sur la dernière carte retournée par le Général.

— Eh bien, mon cher Hitch – vous permettez que je continue de vous appeler par votre patronyme comme au bon vieux temps où je vous enseignais l'histoire ? –, je me pose aussi cette question depuis longtemps. Et je n'ai pas hésité à consulter là-dessus un cartomancien dont on m'avait vanté la justesse des observations ou des déductions. Il m'avait demandé d'apporter un objet ayant appartenu à de Gaulle ou qu'il avait touché.

— Ne me dites pas que votre père avait un cheveu de De Gaulle ou une rognure d'ongle ?

— Non, mais j'ai une photo de De Gaulle et de mon père signée du Général.

— Et alors ?

— La photo a été placée dans un coin du tapis de cartes, de telle façon que les deux hommes aient l'air de regarder ce qui allait s'y passer. Le cartomancien a battu les cartes dix fois, vingt fois, plus encore. J'ai coupé autant de fois. Ça paraissait sans fin quand il m'a dit tout à coup : choisissez-en une, au hasard. Ma main tremblait, mais j'ai quand même réussi à en extirper une du paquet. Je l'ai retournée. C'était le joker !

— Mais il n'y a pas de joker dans les réussites !

— Eh bien, il y en avait un dans le jeu de cinquante-deux cartes du Général. C'était la 53e et elle lui a été fatale. Le joker de la mort...

— Ce joker n'aurait jamais dû se trouver entre les mains du Général ?

— Oui, mais il y était !

— Qui l'avait glissé dans son jeu, à son insu ?

— À son insu, peut-être pas.

— Vous voulez dire qu'à l'approche de son quatre-vingtième anniversaire de Gaulle aurait sciemment introduit ce joker de la mort dans son jeu de cartes ?

— C'est une question. Une question logique.

— Et vous, historien, vous répondez quoi ?

— Je réponds qu'il en est de l'Histoire comme de De Gaulle : elle n'abat jamais toutes ses cartes.

Intervieweur

Les candidats à l'école de journalisme devaient rédiger deux feuillets pour expliquer les raisons qui les avaient poussés à exercer cette profession et dans quelle rubrique ils rêvaient de s'illustrer. La plupart ont répondu que le journalisme représentait la noblesse de la communication. Et qu'ils désiraient devenir grand reporter, correspondant aux États-Unis ou en Chine, éditorialiste politique, critique littéraire, critique de cinéma, journaliste d'investigation, rédacteur en chef, présentateur de journal télévisé, etc. Ils ne se mouchaient pas du coude, mes futurs confrères ! Je fus le seul à écrire que je voulais devenir intervieweur.

— Vous voulez interviewer qui ? me demanda le professeur qui, les lunettes au bout du nez, consultait ma copie, me faisant passer l'oral du concours.

— Vous, par exemple.

— Comment, moi ?

— Je pense que l'interview d'un professeur de l'école de journalisme serait susceptible d'intéresser de nombreux lecteurs ou auditeurs.

Je jure que j'ai déclaré cela moins pour flatter l'examinateur que pour lui prouver l'originalité, la souplesse et la modestie de mon ambition. Il retira ses lunettes pour mieux m'observer.

— Mais quels personnages aimeriez-vous interviewer ? Des politiques, des chanteurs, des comédiens, des sportifs... ?

— Peu importe, répondis-je. Pourvu qu'ils soient intéressants, pourvu qu'ils aient des choses à dire. Ce qui me passionnera dans le métier de journaliste, c'est de poser des questions. J'adore ça ! Avoir en face de moi quelqu'un à qui, grâce à ma carte de presse, je pourrai demander ce qu'un citoyen ordinaire ne saurait obtenir, c'est un merveilleux privilège.

— Pourquoi, alors, ne pas envisager de devenir policier ou juge d'instruction ? Eux aussi posent des questions !

— Oui, mais leur clientèle est moins variée. Et moins chic. Des assassins, des bandits, des malfrats, des dealers, des petits voyous... Il faut leur répéter cent fois la même question pour obtenir une réponse, et il n'est pas sûr qu'elle soit sincère. Il faut les menacer, leur mentir, parfois leur cogner dessus, non merci, ce n'est pas de l'interview, c'est de la parlote canaille. Et puis il est probable que je serai amené, un jour, en tant que journaliste, à recueillir l'interview d'un gangster célèbre ou d'un gibier de potence repenti. Ce qui est formidable dans le journalisme, c'est qu'on peut engager la conversation avec n'importe qui.

— Même avec le Diable ?

— Surtout avec le Diable !

— C'est un spécialiste de la rumeur, du mensonge, du bourrage de crâne.

— À moi de ne pas me laisser prendre. Comme il sait que je le soupçonnerai de m'induire en erreur, de m'égarer par des réponses fausses, car telle est sa réputation, je suis convaincu que le Diable tiendra le discours inverse : il me dira la vérité. Et il comptera sur ma naïveté ou mon conformisme pour que je ne le croie pas.

— Vous jouez au poker ?

— Ça m'arrive.

— Au bluff le Diable est imbattable.

— Je n'irai pas jusqu'à risquer mon âme.

— Si vous m'interviewiez, comme vous en avez eu l'intention, quelle est la première question que vous me poseriez ?

Je pris quelques secondes de réflexion. Puis je dis à l'examinateur :

— J'hésite. Soit : quel est le dernier article que vous avez lu ? Soit : vous est-il arrivé de vous couper avec votre rasoir, le matin, en écoutant à la radio une information qui vous a étonné ou un propos qui vous a indigné ?

— Pas mal, dit l'examinateur.

Il parut surpris quand je lui demandai à laquelle des deux questions il aimerait répondre.

— À la seconde.

— Pourquoi ? osai-je.

— Parce qu'il m'est arrivé un matin, il y a un mois, de me faire une légère entaille au menton en écoutant la « Chronique pour sourire » de Bernard Pivot, sur Europe 1. Je ne me rappelle pas quelle bêtise il avait racontée, mais c'était drôle, j'ai ri et mon menton a bougé alors que le rasoir était dessus.

Je fis ensuite un éloge de la curiosité. Je confiai à l'examinateur que j'avais des bouffées de curiosité comme d'autres ont des bouffées de chaleur ou de colère. Ça me prenait à l'estomac, ça me remontait à la tête, et j'éprouvais alors une irrésistible envie de savoir. Quoi ? Le pourquoi et le comment, les tenants et les aboutissants, le pour et le contre, le dessus et les dessous, les dits et les non-dits. Pour satisfaire ma curiosité, ce stimulant naturel, je posais des questions. Puis d'autres questions qui en appelaient d'autres encore. Tant mieux si la récolte était bonne. Mais, dans le cas contraire, je ressentais peu de déception parce que c'était de l'acte de poser et d'enchaîner les questions que je tirais mon plaisir.

L'examinateur me fit remarquer que, lorsque je serai journaliste, il ne faudrait pas que je me limite à ce plaisir parce que mon rédacteur en chef, les lecteurs ou les auditeurs exigeraient, eux, que les réponses soient inédites et captivantes. Je répondis que j'en étais bien conscient, mais que, pour le moment, je n'étais pas astreint à une obligation de résultat. Je n'exerçais ma passion qu'auprès de mes amis, de mes camarades, des personnes rencontrées en vacances, dans des soirées, dans des boîtes de nuit, des cafés, des restaurants, et même dans l'autobus car je me liais facilement. Par curiosité.

— Je vous mets 18 sur 20, me dit l'examinateur.

— Je vous remercie beaucoup, monsieur.

— Bizarre ! Vous ne me demandez pas pourquoi je vous ai mis une très bonne note ?

— Je sais aussi me tenir.

— Vous auriez quand même dû me poser la question. Vu votre comportement habituel, c'est une faute. Que je sanctionne d'un point. 17 sur 20.

Le stadier

Pour l'étudiant en journalisme que j'étais devenu, mes parents louaient un studio. Cependant, je prenais souvent mes repas chez eux et ils me donnaient un peu d'argent pour mes dépenses de jeune homme. Jugeant la somme insuffisante, je faisais de temps en temps des petits boulots que je choisissais agréables et pas trop mal rémunérés. Ainsi, le voiturage de vieilles dames ou de messieurs handicapés. Ils n'aimaient pas que je me retourne pour leur poser des questions. « Regardez devant vous ! » me commandaient-ils par crainte de l'accident. J'ai toujours éprouvé des difficultés à interroger des personnes sans les regarder dans les yeux.

Un soir, un copain m'entraîna au Parc des Princes pour, le temps d'un grand match de football, me transformer en stadier. « C'est pas très bien payé, me dit-il, mais tu verras, c'est sympa, on prend l'air, il y a de l'ambiance, et ce n'est pas compliqué. » Nous étions une trentaine d'hommes qui revêtirent la veste jaune d'un survêtement et que l'on répartit devant les tribunes, les plus nombreux étant placés face aux supporters des deux équipes, surtout devant ceux réputés les plus excités. Debout, en ne lâchant jamais du regard les supporteurs assis à quelques mètres, il fallait surveiller leurs faits et gestes, en particulier le jet d'objets sur la pelouse. Essaieraient-ils d'envahir le terrain qu'ils en seraient empêchés par un grillage et une fosse et, s'il le fallait, par l'opposition des stadiers. Le risque était improbable.

Une longue clameur salua l'entrée des équipes, et c'est alors que mon supplice commença. Car il m'était interdit de me retourner, de regarder ce qui se passait derrière moi, d'assister à ce que quarante mille personnes suivaient des yeux pendant quatre-vingt-dix minutes et dont, moi, futur journaliste, déjà voyeur chevronné, j'étais privé du début à la fin. Insupportable ! Intolérable ! Chaque fois que retentissait une explosion de cris hostiles ou d'applaudissements – un but ? un beau geste technique ? une erreur d'arbitrage ? un vilain tacle ? –, je devais réprimer le geste instinctif de tourner la tête vers l'endroit du terrain où l'action avait eu lieu. C'était justement dans ces moments chauds, nous avait-on expliqué, qu'il fallait redoubler de vigilance, car les supporteurs les plus turbulents se déchaînent volontiers dans l'excitation de la joie ou de la déception.

Il y avait à côté de moi deux stadiers qui, ne s'intéressant pas au football, se fichant bien des deux équipes et de l'arbitre, n'étaient jamais tentés de zieuter derrière eux. Alors que moi, élevé dans le sport et le culte du ballon rond, je souffrais de devoir rester l'œil fixé sur des excités au lieu de suivre les arabesques et les rebondissements du jeu. Je suis sûr que, même si le football m'avait laissé indifférent, j'aurais très mal supporté cette situation ridicule où j'étais condamné à surveiller l'accessoire au lieu de regarder l'essentiel. En quittant le stade je ne pourrais répondre à aucune question sur le déroulement de la partie. Frustration maximum.

À la mi-temps, un coup d'œil au tableau d'affichage m'apprit que Paris et Marseille étaient à égalité, deux buts à deux. Quatre buts marqués. Quatre buts ratés ! J'en voulais à mon copain de m'avoir entraîné dans cette galère. Placé loin de moi, je ne pouvais lui en faire le reproche.

Quelques minutes après la mi-temps, je compris au tumulte que Paris bénéficiait d'un penalty. Tant pis, je me retournai pour regarder le tir. Le chef stadier, furibard, accourut et me donna l'ordre de reprendre la position pour laquelle je serais payé.

— Je me fous de votre argent, lui dis-je. Je préfère regarder le match plutôt que tous ces abrutis qui gueulent des insanités.

Les mains dans les poches de mon survêtement de stadier, tournant le dos aux spectateurs, je suivis ainsi la rencontre jusqu'à son terme.

J'ai raconté cet incident mineur parce que j'en ai tiré des leçons de vie auxquelles je me suis conformé. Par exemple, quand on a l'ambition de devenir journaliste, ne pas perdre son temps dans le secondaire, le superflu, la marge, sauf si, comme dans le drame du stade du Heysel, l'événement se déplace du terrain aux tribunes. C'est heureusement rare. Il faut toujours se situer là où l'on bénéficie du meilleur point de vue sur l'événement. Jouer des coudes pour ne rien louper. Se contenter de regarder ceux qui regardent, c'est négliger l'ours pour l'homme qui a vu l'homme qui a vu l'ours.

Se méfier de la rumeur. Qu'elle soit rampante et chuchotée, ou bruyante comme au Parc des Princes, ne pas la négliger, toujours être en mesure de la vérifier, d'en déceler l'origine et les causes, et de l'analyser. Écouter la sourde rumeur, la colporter sans se poser de questions n'est pas une bonne manière pour n'importe qui. Alors, pour un journaliste !

On est appelé dans l'existence à tourner mille choses : la tête, la page, le compliment, la clé, la main, la langue, l'obstacle, les yeux, les pouces. Le dos, faut pas ! Jamais. C'est démission et lâcheté. Ou facilité. Ou je-m'en-foutisme. Mais, surtout, c'est refuser la réalité, quelle qu'elle soit, attendue ou surprenante, plaisante ou fâcheuse. C'est renoncer à qui, où, quand, pourquoi, comment, et aux réponses qui en découlent. C'est s'abstenir de vivre. Au Parc, stadier, tournant le dos au match, j'éprouvai pour la première et dernière fois la détestable sensation que j'étais en train de rater la vie.

La première fois

Je ne pense pas que beaucoup d'enfants osent demander à leurs parents où et quand ils ont fait l'amour la première fois. Trop intime, trop secret. Question presque incestueuse. Moi, j'ai osé, une dizaine de jours après le soir où, moi-même, pour la première fois... Pendant le dîner j'ai raconté. Où, quand et avec qui. Sans cependant entrer dans les détails. Mon frère et ma sœur d'abord gênés, puis amusés. Ma mère et mon père stupéfaits, puis épatés par ma sincérité.

C'est alors que j'ai demandé à mes parents s'ils se souvenaient – évidemment qu'ils s'en souvenaient, fourbe questionneur ! – de leur «première fois». Il y a longtemps que je voulais savoir. Et j'ai pensé que le prix à payer pour obtenir cette confidence très privée était de narrer ma propre aventure, de banaliser le témoignage pour obtenir plus facilement le leur. Ça a marché. Devant ma mère qui s'est d'abord offusquée – «tu ne vas pas raconter ça !» –, puis, rougissante, enfin souriante et émue, mon père a expliqué avec une simplicité où perçait une nostalgique fierté dans quelles circonstances somme toute banales il avait séduit notre mère. Un dîner, une promenade nocturne, puis un «dernier verre» dans son modeste deux-pièces de médecin débutant célibataire, rue de la Convention. S'ensuivit une nuit très voluptueuse.

— Mais ce n'était pas la première fois que tu recevais une femme dans ton appart? demandai-je.

— Non, je le reconnais, mais votre mère est la seule qui y soit revenue.

— Tu étais un don juan d'une nuit?

— J'avais peur de m'attacher. Et votre mère a réussi là où les autres avaient échoué.

— Bravo, maman! s'exclamèrent ses trois enfants.

C'est alors que se produisit ce que j'eus souvent par la suite l'occasion de vérifier: quand un questionneur a eu l'aplomb d'aborder dans un groupe un sujet délicat, les autres personnes se sentent libérées de leur réserve naturelle et osent des interventions qui les surprendront elles-mêmes quand elles se les remémoreront. Ainsi, étonné, j'entendis Marie-Lou demander à sa mère:

— Et toi, maman, c'était la première fois que, comment dire? la première fois que..., enfin tu vois bien ce que je veux dire?

— Est-ce que c'était la première fois que je voyais le loup? On disait comme ça, autrefois... J'avais déjà vu le loup!

— Tu l'as avoué à papa?

— Avoué? Pourquoi avoué? Ce n'était pas une faute, tout juste une erreur.

— Elle n'avait pas besoin de me le dire, ajouta notre père. Je m'en suis rendu compte. C'est sûrement parce que nous avions l'un et l'autre une certaine expérience...

— Enfin, toi plus que moi..., dit maman.

— ... que notre première nuit a été réussie. Et si agréable que nous avions tous les deux le désir de recommencer.

— Mais est-elle vraie, demanda Nicolas, la légende qui veut que vous vous soyez connus dans le cabinet de papa ?

— C'est exact, répondit-il, et se tournant vers notre mère : tu étais venue en consultation, je m'en souviens comme si c'était hier.

Je ne pus me retenir de lancer :

— Mais alors, c'est dans ton cabinet que tu as vu maman nue pour la première fois ?

— Gros malin ! Eh bien, non, elle souffrait d'une angine...

— Mon premier geste vers toi, dit-elle à son époux, ç'a été de te tirer la langue !

Tous les cinq avons ri. Puis, mon père m'a fixé dans les yeux.

— Adam, je vais te faire une confidence très sérieuse : quand un médecin met une main sur le sein d'une femme ou sur son ventre, ça peut être un geste d'amour, et c'est toujours, dans son cabinet, un geste médical. Au fond, c'est le même geste, mais pas avec les mêmes intentions, pas avec les mêmes désirs, pas avec les mêmes craintes. Sois-en sûr, c'est toujours un beau geste.

— Ce que tu viens de dire est magnifique, lança Marie-Lou, approuvée par Nicolas et moi. Je repris :

— Mais, papa, pour toi, médecin, le corps de la femme n'était pas quelque chose d'inconnu, comme pour moi, comme pour la plupart des hommes.

— Oh! tu sais, je ne me suis pas mis au lit avec ta future mère en me remémorant mes cours de physiologie...

— Ça doit aider, quand même!

— Peut-être.

— Tu avançais en terrain répertorié, balisé?

— Mais je te défends, dit maman, de me comparer à un terrain d'aviation.

— Je crois, ajouta mon père, que l'émotion balaie l'information. Dans tous les sens du terme, l'homme, quel qu'il soit, est *nu* devant la femme et, au moins dans les premiers temps, il se fie davantage à ce qu'il ressent qu'à ce qu'il sait. Même les carabins.

— C'est quoi, un carabin? demanda Marie-Lou.

— Un étudiant en médecine, répondit le docteur Hitch.

Il me vint alors l'idée de demander à mon père et à ma mère s'ils savaient où et quand cela s'était passé la première fois pour leurs parents.

— Tu es fou, répondit maman, je n'aurais jamais osé, j'aurais reçu une gifle...

— Dans les générations précédentes, ajouta mon père, ces choses-là restaient secrètes, l'intimité des parents était un tabou, on ne l'évoquait jamais. On disait: ils se sont connus à l'école, au bal, dans un mariage... Mais on n'allait pas plus loin dans les confidences.

— Eh bien, moi, je vais demander à Grand-Père (le père de mon père, veuf) et à Mamie (la mère de ma mère, veuve) s'ils veulent bien me raconter...

— Ah, non! m'interrompit ma mère. Adam, je te l'interdis. Tu les gênerais épouvantablement. Tu commettrais une indélicatesse impardonnable. Respecte, je t'en prie, leur âge et leur pudeur.

— Et puis qu'est-ce que ça t'apportera ? me demanda mon père.

— Ça lui apportera un plaisir connu de lui seul, dit Nicolas, ironique.

— Ça lui apportera la fierté d'avoir osé, dit Marie-Lou.

— Ça m'apportera, dis-je, à moitié sincère, mais avec une réelle conviction, une raison supplémentaire de les aimer. S'ils me répondent, bien sûr...

On pourrait mesurer l'évolution de la société au seul répertoire des questions qu'il est convenable ou pas de poser au fil du temps. À moins d'un siècle de distance, entre le mutisme absolu de mes grands-parents sur le sexe et les réponses avec images pornographiques obtenues par mon fils encore très jeune en cliquant sur le net, il existe une faille océanique. C'est aussi vrai pour l'argent. Les liasses de billets cachés entre les piles de draps ou sous le matelas relevaient autant de la psychanalyse que de l'économie planquée. On ne donnait des chiffres que pour la dot, l'achat d'un terrain ou l'héritage. Seul le notaire était habilité à fournir des réponses. Aujourd'hui, les chiffres circulent partout, surtout pour les pauvres et les riches. Les pauvres s'en plaignent, les riches s'en vantent. Mais il y a encore des réticences dans les classes moyennes. Des commerçants, des artisans, des médecins – mon père, par exemple –, des petits patrons, des avocats, des écrivains, d'autres encore auxquels il m'est arrivé de demander le montant de leurs revenus annuels, ont refusé de me répondre ou se sont défilés en usant de circonlocutions ou de chiffres alambiqués.

Pour la foi, c'est un peu l'inverse qui s'est passé. Jadis, on déclarait volontiers que l'on était croyant et pratiquant, ou que, athée, l'on bouffait du curé. Dans les dernières décennies du XXe siècle, aux questions sur le Dieu chrétien – avec Allah on ne barguigne pas, on est pour –, les réponses sont dilatoires ou ambiguës, p'têt' ben qu'oui, p'têt' ben que non, c'est selon, ça dépend, ça m'ennuie de me prononcer en quelques mots, c'est tellement personnel, je préfère, ne m'en veuillez pas, ne pas vous répondre...

Il est possible encore d'analyser comment a évolué peu à peu l'histoire des mentalités à travers questions et réponses sur la maladie, la mort, le pouvoir, le prestige, le machisme... Mais je ne suis pas là pour écrire une thèse sur ce sujet.

J'ai posé la fameuse question à Mamie. À l'heure du thé. Dans son petit appartement de la rue de Babylone, encombré de bibelots, j'avais apporté des macarons de Ladurée, ses préférés. Ma visite, trop rare, l'enchantait au point qu'elle avait peint d'un peu de couleur ses joues très pâles et qu'elle avait mis trois bagues, deux bracelets et son collier d'émeraudes. Au bout d'un moment, connaissant mes marottes et se doutant de mes manigances, elle me dit :

— Toi, tu es venu me poser une question ?
— Gagné, Mamie ! Je peux ?
— Oui, vas-y.
— Si je ne suis pas trop indiscret, je voudrais savoir quand, à quelle occasion, tu as perdu ta vertu.

Elle a beaucoup ri. Sans retenue, avec une joie de gorge soulevée.

— Ça valait bien, en effet, des macarons, dit-elle, moqueuse.

Elle en dégusta un à la pomme verte, dont la couleur s'harmonisait avec celle de son collier, elle s'essuya la bouche, puis elle raconta.

— Tu vas être déçu. En ce temps-là, c'était souvent le soir des noces. Eh bien, ce fut pour moi aussi le soir de mes noces. Enfin, non, pas tout à fait. Ton grand-père, mon jeune mari, avait trop bu. Beaucoup trop bu. Il était incapable de remplir pour la première fois ce qu'on appelait le devoir conjugal. Il s'est endormi tout de suite. Non, il ne ronflait pas. Je n'ai pas été frustrée. Parce que, moi aussi, j'étais fatiguée par la noce et que je voyais bien que l'homme couché dans mon lit n'était visiblement pas en état de marche. Le matin, vers dix ou onze heures, quand nous nous sommes réveillés, il a fait ce qu'il devait faire. Ou, plutôt, nous avons fait ce que nous devions faire...

— Bien ?

— Comment tu les trouves, les macarons de Ladurée ?

Grand-Père fut moins coopératif. Mais j'ai eu tort de le questionner en voiture.

— Tu ferais mieux de me demander comment j'ai passé mon permis de conduire.

— Il s'agit d'un autre permis, plus intime, moins risqué...

— Moins risqué ? Pas sûr ! Écoute, ce n'était pas très glorieux. La première fois que j'ai fait l'amour, j'ai dû payer, alors parlons d'autre chose...

La plupart des camarades de mon âge, lorsqu'ils perdent leurs parents, et plus encore lorsque leurs grands-parents disparaissent, regrettent de ne pas avoir eu le temps – en vérité, la curiosité – de les interroger sur leur enfance, leur jeunesse, leurs débuts dans l'existence, leurs joies, leurs déceptions. Ils les ont laissés partir en ne retenant que l'essentiel de leur vie, mais en abandonnant au néant mille petits grains qui en faisaient le sucre, le sel et le poivre. Ils se lamentent sur leur incapacité à répondre aux questions qu'ils se posent trop tard, faute de les leur avoir posées quand il en était encore temps.

Ils s'en veulent d'avoir manqué au devoir de mémoire et d'avoir raté tant d'occasions d'ajouter à la vérité et au romanesque de la saga familiale. J'en ai connu d'inconsolables qui, après les obsèques, se traitaient de négligents et d'idiots.

C'est un reproche que je ne peux pas me faire, tant parents et grands-parents ont souffert de ma questionnite. Je les sentais cependant plus souvent flattés qu'agacés. J'ai rempli deux cahiers de leurs confidences...

— Tu vas en faire quoi ? m'a demandé, un jour, Nicolas. Un roman ?

— Non, je ne crois pas que je saurai écrire un roman. C'est pour le plaisir. Pour que leur vie continue, pour lutter contre l'usure du temps.

— Mais nous avons leurs photos, dit Marie-Lou.

— Les photos ne suffisent pas. Il faut aussi des mots.

Seigneur, le 30 octobre 1979, Robert Boulin, ministre du Travail du gouvernement de Raymond Barre, s'est-il noyé dans un étang de la forêt de Rambouillet ou son assassinat a-t-il été maquillé en suicide ?

*Seigneur, qui est le généreux et mystérieux mécène qui a déboursé 7,25 millions d'euros pour offrir à la Bibliothèque nationale de France le manuscrit d'*Histoire de ma vie, *de Casanova ?*

Seigneur, qui a d'un pique-lard sectionné le cou de Mme Roque de Défougeac, le 24 avril 1916, à Soulomès, dans le Quercy ?

Seigneur, le tableau de David représentant le régicide Louis-Michel Le Pelletier de Saint-Fargeau sur son lit de mort a-t-il été détruit par sa fille Suzanne, ardente royaliste, ou l'a-t-elle dissimulé dans un mur du château de Saint-Fargeau, alias Plessis-lez-Vaudreuil dans le roman de Jean d'Ormesson Au plaisir de Dieu *?*

L'assassin habite au 4ᵉ

Une question, ô lecteurs amènes et attentifs : avez-vous remarqué la singularité de mon entreprise ? Elle consiste à raconter ma vie privée alors que la plupart des gens ayant acquis de la notoriété écrivent le récit de leur vie professionnelle : débuts, difficultés, exploits, élévation, réussite. De leur particulier ils ne disent que le minimum, alors que, moi, c'est sur ma carrière que je m'étendrai le moins.

Il me faut quand même en retracer les grandes lignes à l'usage des lecteurs qui, considérant non sans raison que la starisation des journalistes est une déviance du système médiatique, ont porté peu d'attention à mon parcours. Alors que j'ai récemment fêté mes cinquante-sept ans, il me faut bien leur prouver que, si ma vie privée a été corrompue par ma vie professionnelle, c'est parce que celle-ci a été fournie et intense.

En gros, mon itinéraire de journaliste s'échelonne sur trois périodes de dix années. Une première tranche au quotidien *Paris Info* où, intervieweur, je suis passé successivement des informations générales et faits divers au sport, puis à la politique et à l'économie, et, enfin, à la culture. Ensuite, une dizaine d'années à la radio où j'interviewais chaque matin, en direct, pendant dix minutes, la personnalité du jour. Enfin, presque onze ans à la télévision – j'y suis toujours – pour un entretien hebdomadaire d'une heure avec un grand nom de la politique, des affaires, des lettres, des arts, de la musique, de la chanson, des sciences, du sport, etc. «Aparté» est depuis longtemps une institution. Plus beaucoup d'autres longues interviews publiées dans des magazines, des revues, dans la presse étrangère, ou enregistrées et diffusées par des télévisions francophones.

Combien de personnes ai-je interviewées ? Des milliers. Combien de questions ai-je posées ? Des dizaines et des dizaines de milliers. Et combien de questions que je n'ai pas eu le temps de poser (surtout à la radio), ou que j'ai regretté de ne pas avoir posées parce qu'elles me sont venues à l'esprit trop tard, ou qu'à tort j'avais cru inintéressantes ? Et combien de questions rentrées, oubliées, reformulées, retenues, contournées, rattrapées ? Bizarre, le type que je suis qui, comme d'autres passent leur vie à serrer des écrous, à tapoter sur un ordinateur ou à regarder dans un microscope, aura passé la sienne à poser des questions. Bizarre ou, tout compte fait, banal puisque spécialisé, à l'exemple de tant d'autres, dans une fonction unique.

Bien des entretiens, surtout au domicile des gens, mériteraient d'être racontés. Peut-être le ferai-je dans un autre livre. Je me contenterai ici du récit de ma première interview, rapide, furtive, volée, chanceuse, capitale pour la suite de ma carrière, fatal engrenage de mon addiction.

Je n'étais encore qu'un journaliste débutant au service des informations générales de *Paris Info*. Je faisais des brèves, je récrivais des dépêches d'agence, je proposais à la rédaction en chef des textes de liaison et des coupes dans des articles trop longs. Travail modeste d'un rédacteur qui apprend son métier.

Un matin, il n'y avait aucun reporter disponible quand un coup de téléphone de notre informateur à la Préfecture de police nous avertit qu'un crime avait été commis rue du Bouloi, à cent cinquante mètres du journal. Le chef de service des faits divers me demanda si cela m'«amuserait» d'aller y faire un tour. Je répondis: «Évidemment oui», et fonçai à l'adresse indiquée.

Aussitôt arrivé, coup de pot: dans la Renault garée derrière le panier à salade, je reconnus mon camarade de lycée, Jean-Michel Gombault. Ayant téléphoné de la voiture, il s'apprêtait à remonter sur les lieux du crime. Lui aussi débutant, il était l'un des adjoints du commissaire de police. Nous nous étions revus récemment à l'anniversaire d'une copine de notre lycée.

— Ça t'amuserait de monter? C'est au quatrième étage.

— Évidemment oui, lui répondis-je, comme à mon chef de service...

— Rien de bien sensationnel, je te préviens. C'est un type qui a étranglé sa femme et qui nous a lui-même appelés.

Arrivé à l'appartement, Jean-Michel me présenta à son patron qui bougonna, mais ne s'opposa pas à ma présence. Allongée sur un canapé de cuir noir, ses yeux clos, la victime, une belle femme d'une quarantaine d'années, blonde, sa robe de chambre ne dissimulant pas ses cuisses nues, était photographiée par un policier spécialisé dans ce genre de clichés macabres. Je me remémorai aussitôt une photographie qui m'avait impressionné. Étendue sur les gros cailloux d'une berge du Pô, une jeune femme, la tête renversée, sa robe printanière retroussée jusqu'en haut des cuisses, violée et tuée par des SS, interpellait le ciel de sa beauté qu'on pouvait croire encore intacte et offerte. Chez l'une et chez l'autre victimes la mort était insoupçonnable.

Debout près d'une fenêtre, immobile, hagard, spectral, les mains menottées, le mari jetait parfois un regard vers le canapé et sa femme comme pour s'assurer qu'il ne faisait pas un mauvais rêve. Il répondait aux questions du commissaire qui prenait des notes sur un calepin de moleskine rouge. Il y avait deux flics en uniforme à l'entrée de l'appartement et l'on attendait l'ambulance et le service anthropométrique.

À un certain moment, le commissaire s'éloigna de l'assassin présumé pour parler au photographe. Lançant à Jean-Michel une œillade complice, je m'approchai du mari et, sans dire qui j'étais, je lui demandai pourquoi il avait étranglé sa femme. Je lus sur son visage l'étonnement qu'on lui posât une question à laquelle il avait déjà répondu, mais il dut se dire qu'avec la police il faut souvent se répéter.

— Je l'ai expliqué au commissaire. Parce que, depuis des semaines et des semaines, elle me traitait d'idiot et de con. Alors, ce matin, comme elle m'insultait encore en ricanant, j'ai pris un coup de sang. Et maintenant je m'aperçois qu'en la tuant je lui ai donné raison : je suis un idiot, je suis un con.

Le récit du crime de la rue du Bouloi et la déclaration exclusive du présumé assassin me valurent la une du journal et les félicitations de mes chefs. Étonnés par mon « scoop », certains me soupçonnèrent d'affabulation. À leur demande je dus raconter dans quelles conditions j'avais recueilli les propos du mari. Ils me reprochèrent avec raison d'avoir tu ma qualité de journaliste. Ils me dirent que j'avais eu beaucoup de chance. La chance n'est-elle pas une condition indispensable à la réussite dans notre profession ? On considéra que j'avais une tête sympathique qui mettait en confiance la personne questionnée. On m'envoya faire de petites interviews, puis de plus longues. Les résultats furent jugés probants. C'est ainsi que je devins à *Paris Info* le journaliste spécialisé dans l'interview, en particulier des personnalités dissimulées ou taiseuses.

Dès lors, à proportion de celles qui rythmaient ma vie professionnelle, les questions envahirent ma vie privée.

Je ne voudrais pas être indiscret

N'y restant parfois qu'une nuit ou qu'un week-end, combien de femmes sont entrées dans ma vie ? Pas assez pour prétendre au classement national des séducteurs, trop pour nier une inadaptation au couple. Entre les femmes que j'ai aimées, que j'ai cru aimer, que j'ai rêvé d'aimer, que j'ai essayé d'aimer, que j'ai regretté d'avoir aimées, avec qui j'ai couché rien que pour le plaisir, et les femmes qui m'ont aimé, qui ont cru m'aimer, qui ont essayé de m'aimer, qui ont regretté de m'avoir aimé, qui ont fait l'amour avec moi parce qu'elles en avaient probablement envie, cela en fait, du monde ! Ma petite gueule sympa, surtout quand j'avais de longs cheveux noirs ondulés, et ma notoriété ne m'ont pas servi à n'obtenir que des interviews.

À quarante ans je me suis marié ; à quarante-six j'ai divorcé. Lucile et moi avons quand même eu le temps de faire un enfant prénommé Julien. Lucile entre dans la catégorie, la plus nombreuse, des femmes qui m'ont aimé et qui l'ont ensuite regretté. Parce que, jour après jour, mes questions les ont indisposées, froissées, découragées, usées, encolérées, révoltées. Parce que je ne respectais pas le minimum d'autonomie ou d'indépendance auquel tout conjoint a droit, le couple fût-il le plus fusionnel. Parce que je m'introduisais sans égard et sans relâche dans la partie secrète de leur âme. Parce que j'étais un emmerdeur toujours à m'enquérir de ceci ou de cela, flairant aussi sûrement une crainte, un dépit, une tentation, un silence, un mensonge, que le vampire renifle le sang.

Au début, dans l'impatience de l'inventaire, toutes les jeunes filles et toutes les femmes sont ravies que leur amoureux manifeste de la curiosité pour leur bout de nez et leur bout de chemin. Elles se laissent aller à évoquer leurs goûts, leurs préférences, des habitudes, des souvenirs. Heureuses de répondre à des questions sur leur famille, les études, les voyages, les vacances, le travail. Ainsi le conquérant n'apparaît-il pas comme un indifférent. Beaucoup d'hommes se forcent probablement à cette quête d'identité ou s'en fichent. Moi, pas. À chaque fois je ressens l'énergie d'un explorateur, la gourmandise d'un testeur. Sauf sotte avérée – mais la sottise ne recèle-t-elle pas parfois de réjouissantes surprises ? –, toutes les femmes ont quelque chose à m'apprendre. Et quand je tombe sur de l'inédit je creuse en multipliant les questions, ce qui constitue parfois pour elles un premier étonnement devant mon insistance et une première alerte sur ma manie.

Lorsque je leur dis que je serais attendri et amusé de voir des photos de leur enfance et de leur jeunesse, c'est que déjà les affaires entre nous vont bien. Certaines marquent un peu de réticence quand elles ont l'impression que, pendant longtemps, elles n'ont pas été à leur avantage. Je leur fais remarquer que Marilyn Monroe non plus, les photos de la jeune Norma Jean n'annonçant pas la splendide créature d'Hollywood. Je suis sincèrement intéressé par l'évolution des visages et des corps. Les images racontent des histoires souvent logiques, évidentes, parfois des histoires énigmatiques. Où es-tu ? Mais non, je ne te reconnais pas. Tu as l'air malheureuse. Qu'est-ce qui n'allait pas ? Tu te souviens ? Tu avais quel âge ? C'était où ? Tu te méfiais du photographe ou de la vie ? Ça y est, j'étais parti, elle aurait du mal à m'arrêter...

Quand je fus en âge de m'attacher des quadragénaires, et plus si affinités, le matelas des photographies s'épaissit. Là, c'est toi ou ta fille ? Son père, c'est le type bien baraqué qui joue au volley sur la plage ? Ah, c'est son frère ! Donc, ton ex-beau-frère ? Alors, ton mari, enfin ton ex-mari, c'est lui ? Pas mal. Ton fils lui ressemble. Tu trouves qu'il te ressemble plus ? C'est possible, difficile de juger sur une photo pas très nette, surexposée. C'est toi qui l'as prise ? Excuse-moi. La photo où vous êtes tous à table est très bien. Ah, c'est le garçon du restaurant qui l'a prise. Sur la Côte, pendant l'été, on ne demande pas aux garçons de bien servir les clients, on exige d'eux qu'ils soient de bons photographes. Tiens, regarde, sur cette photo on voit qu'entre ton mari et toi ça ne va plus très fort. Et pourtant c'étaient les vacances ! Les vacances ne vous ont pas rapprochés ? Tu n'as pas essayé de le reconquérir ? Ou il n'a pas cherché à ce que vous vous retrouviez comme avant ? À ce moment, tu savais que c'était fini ? Même si ce n'était pas dit ? Un espoir quand même ? Non ? Je ne voudrais pas être indiscret, mais qu'est-ce qui grippait dans votre couple ? Depuis quand ? Et ça a commencé comment ?

Chaque femme est un roman. Plus ou moins attractif. J'aime beaucoup celles qui, relancées par mes questions, racontent avec un réel talent de conteuse une vie amoureuse tourmentée, rebondissante ou vaudevillesque. Comme les lecteurs de romans je suis friand de détails. Leur sincérité me captive et ajoute à leur séduction, alors qu'avec les discrètes, les fières, les prudes, les chichiteuses, je m'ennuie vite.

Il y a aussi celles dont les réponses sont courtes, soit parce qu'elles sont jeunes, soit parce que le destin ne les a pas jusqu'alors distribuées dans de beaux rôles. À celles-là je pose des questions sur leurs espérances, leurs rêves secrets, leur conception du bonheur. Leurs réponses m'ont parfois ému jusqu'au silence.

L'amour est un terrain fertile sur lequel poussent des fleurs de rhétorique et les herbes folles du baratin. Les couples muets m'attristent. Bouches closes, cœurs cousus. Je déteste qu'avec les femmes la conversation s'effiloche, puis s'arrête, faute de carburant. J'ai toujours une question pour relancer la machine. Je me rappelle quelques échanges sans fin sur les bienfaits et les dangers du silence dans l'amour. Marilyn Monroe a écrit que « les mariages les plus durables sont ceux comme mis en conserve dans le bocal du silence ». Quelle horreur !

L'amitié, elle, ne craint pas les silences. Elle ne demande pas autant d'efforts dans la conversation. On est copains, c'est du solide. Si on n'a rien à se dire, pendant un quart d'heure on ne se dit rien. Notre amitié n'est pas pour autant en péril. Dans l'amour, au contraire, les longs silences sont suspects, inquiétants. Ils trahissent on ne sait trop quoi, des choses pour le moment informulables qui, plus tard, exploseront à la tête du couple. C'est pourquoi il faut meubler. On peut compter sur moi.

Si, à mes amis, je pose beaucoup de questions, c'est cependant avec moins de frénésie qu'à mes femmes. Pour trois raisons : celles-ci m'intriguent plus que ceux-là ; la plupart ne faisant que passer dans ma vie, elles concentrent ma curiosité sur un temps très court, alors qu'eux sont installés dans mon existence depuis longtemps et qu'ils y resteront, de sorte que mon attention pour eux peut parfois se relâcher ; enfin, comme je l'ai expliqué, l'amour est plus fragile que l'amitié.

Il y a encore que mes copains ne se gênent pas pour stopper l'avalanche de mes questions. Ils sont flattés qu'au fil des années mon intérêt pour leur petite personne ne faiblisse pas. Mais quand, à leurs yeux, je vais trop loin ou qu'ils fatiguent à me donner des réponses à des questions sans intérêt ou déjà posées, ils me le disent sans ménagement. «Adam, tu en as encore beaucoup de tes questions à la con?» «Finissons-en! Mets-moi en examen!» «Tu n'es pas en forme aujourd'hui, je te sens mou du point d'interrogation.» Je ne me vexe pas. Je suis même le premier à rire de leur insolence et de mes excès. Ce sont des potes. Quand c'est ma compagne qui m'interrompt avec autant d'ironie, je le prends autrement plus mal. En couple l'homme est un vertébré très susceptible.

Seigneur, est-ce bien sur le site d'Alise-Sainte-Reine, en Côte-d'Or, qu'eut lieu la bataille d'Alésia, ou les Jurassiens de Chaux-des-Crotenay ont-ils raison d'en revendiquer eux aussi l'histoire et la géographie ?

Seigneur, Mistinguett s'est-elle vantée avec raison d'avoir eu le pucelage de Jean Cocteau dans sa loge de l'Eldorado, boulevard de Strasbourg, à Paris ?

Seigneur, qui étaient « les tueurs fous du Brabant », lesquels, entre 1982 et 1985, ont semé la terreur dans les hôtels et les supermarchés de la région de Bruxelles, assassinant vingt-huit personnes et faisant de très nombreux blessés ?

Seigneur, qu'y avait-il d'écrit sur le billet, reçu de l'un de ses camarades, que le jeune Baudelaire a avalé pour qu'il ne tombe pas sous les yeux du sous-directeur de Louis-le-Grand, geste qui lui valut d'être renvoyé du lycée ?

Combien ?

— Tu aimes bien ton prénom, Nathalie ?
— Oui, plutôt.
— Pourquoi tes parents t'ont donné ce prénom ?
— Je ne sais pas. Parce qu'il leur plaisait bien, tout simplement.
— Tu ne le leur as jamais demandé ?
— Non, je n'y ai pas pensé.
— Ça ne t'a jamais traversé l'esprit de savoir pourquoi ton père et ta mère ont décidé de te prénommer Nathalie ? Savoir aussi lequel des deux y tenait le plus ? Qui en a eu l'idée ?
— Non, désolée.
— Donc, tu ne connais pas les prénoms auxquels tu as échappé ?
— Non.
— Moi, Adam, j'ai échappé à Cyril, Alexandre, Jean-Yves. Et puis aussi, si je ne me trompe pas, Pierre-Yves et Jacques.
— Il faudra que je demande à ma mère.
— Tu es née quel jour de la semaine ?
— Le 17 mai 1957.

— Oui, ça, je sais. Mais quel jour de la semaine ? Un lundi, un mardi, un dimanche ?

— Je ne sais pas.

— (Très étonné) Tu ne sais pas quel jour tu es née ?

— Non.

— (Rieur) Tu y étais pourtant ?

— (Rieuse) Oui, mais je ne me souviens pas. (Soudain triomphante) Je connais l'heure !

— Eh bien ?

— Six heures du matin !

— Et ça s'est bien passé ?

— Pourquoi tu me demandes ça ?

— Je ne sais pas, comme ça, pour savoir.

— Tu as deviné ?

— Qu'est-ce que j'ai deviné ?

— Que l'accouchement ne s'est pas bien passé ?

— Non, ma question était innocente, de convenance.

— Ma mère a dû subir une césarienne.

— Ah, c'est pourquoi tu n'as pas de frère et sœur ?

— Oui, c'est ce que ma mère m'a dit. Elle ne voulait pas se faire ouvrir le ventre une seconde fois. (De nouveau triomphante, avec de la malice dans les yeux) Je suis la seule, l'unique !

— Tu penses que c'est mieux d'être une fille unique plutôt que d'avoir des frères et des sœurs ?

— Je n'en sais rien. Enfin, si, quand j'avais douze-treize ans, je me disais que j'aurais eu un frère à embêter, ç'aurait été assez sympa.

— Et tes parents ont regretté de ne pas avoir eu d'autre enfant ?

— Oui, mais ils ne l'ont jamais dit devant moi. Ils auraient voulu avoir un garçon, c'est logique.

— Ça se voyait dans leur comportement ?

— Oui, quand mes copains d'école et de collège venaient à la maison, par exemple pour mon anniversaire. Ils ne se cachaient pas, surtout maman, d'en couver deux ou trois du regard... Après, ils me disaient : qu'est-ce qu'il est beau ce garçon ! Qu'est-ce qu'il est bien ce garçon !

— Et comment tu réagissais ?

— Je leur disais : vous voulez déjà me marier ?

— Justement, maintenant que tu es en âge, est-ce qu'ils voudraient que tu te maries ?

— Me marier ? Oui, peut-être. Mais plutôt me fixer, m'établir avec un mec sympa, gentil, bonne situation, avenir assuré...

— C'est ce que tu recherches ?

— Non, pas pour le moment. Je verrai bien, il n'y a pas le feu.

— Tu profites de ta jeunesse ?

— Oui.

— Et tu as raison, non ?

— Je crois.

— D'autant qu'avec la pilule, maintenant... Comment ta mère a réagi à l'invention de la pilule ?

— Comme la plupart des femmes de sa génération : le regret d'être née trop tôt, de ne pas avoir connu cette formidable liberté. Mais aussi la crainte du dévergondage de leurs filles.

— Il est vrai que sans la pilule tu aurais moins couché ?

— (Un peu interloquée par une question aussi directe) Oui... Oui, probablement...

— Et tu as beaucoup couché ?

— (Sidérée et sur la défensive) Non, pas spécialement. Enfin, un peu...

— Combien ?

— Je ne comprends pas.

— Combien de garçons ? Combien d'hommes ?

— (De plus en plus révoltée) Oh, écoute, je ne sais pas, je n'ai pas compté... Tu m'embêtes à la fin, avec tes questions... Et puis, ça ne te regarde pas ! Est-ce que je te demande, moi, combien ...

— Mais tu peux.

— Je m'en fiche.

— Tu as tort. Quand une femme entre dans ma vie, j'aime bien connaître son passé, son parcours, quelle expérience est la sienne. Mieux vaut se montrer curieux qu'indifférent. C'est plus que de la courtoisie ou de la politesse : un hommage. Je sais, le mot est un peu solennel et pas adapté à notre jeune âge. Mais il y a de ça.

— Peut-être que dans un mois ou deux nous ne serons plus ensemble. Alors, à quoi bon tout ça ?

— Nous ne ferions qu'une seule fois l'amour que cela justifierait quand même que je m'intéresse à toi. Cela signifie que je ne te réduis pas à ton sexe, qu'il y a d'autres choses en toi qui piquent ma curiosité. Plus je te pose de questions sur toi, sur ta famille, sur ton boulot, plus je valorise nos parties de jambes en l'air. Ça ne te paraît pas normal ?

— Si, d'un certain point de vue, c'est même assez généreux. De là à savoir que je suis née après une césarienne, combien j'ai eu d'hommes avant toi, est-ce vraiment capital ?

— Non, mais toutes les réponses à mes questions, y compris le refus d'en donner, sont autant de petites touches ajoutées au portrait. Plus j'aime une femme, plus j'éprouve le besoin de tout connaître d'elle... Quand je n'aime plus je ne pose plus de questions... Alors, Nathalie, combien d'hommes avant moi ?

Quand elle me l'aura dit – car elle me le dira, ne pouvant se dérober longtemps à mon harcèlement –, je lui demanderai pour chacun c'était qui, c'était quand, c'était où, c'était comment ?

C'était bien ?

Essoufflé, je roule sur le dos et, le regard au plafond, je demande à Laetitia comment c'était.
— Bien, répond-elle.
— Ton « bien » est plutôt laconique, pas très chaleureux, encore moins voluptueux.
— Non, c'était bien, je t'assure.
— Mais bien pas mal ? Ou bien bien ?
— Bien, vraiment bien.
— Mais pas tout à fait bien très bien ?
— Si, si, très bien.
— Je ne veux surtout pas te forcer à dire que c'était bien si ce n'était pas bien. Tu es déçue ?
— Mais pas du tout ! Puisque je te dis que c'était bien, et même...
— Et même ?
— ... très bien.
— Très bien, vraiment ?
— Puisque je te le dis !
— Pardon d'avoir insisté, mais comme tu manquais de conviction...

— La conviction, il me semble que je l'ai eue pendant, non ?

— Mais comme ça, à chaud, tu dirais que c'était plutôt mieux que la dernière fois ou plutôt moins bien ?

— Difficile de savoir. Les deux fois c'était bien et...

— Bien, as-tu dit, pas très bien.

— (Agacée) Mais si, très bien, très très bien. Mais comment veux-tu que je compare... À mon avis, la dernière fois, c'est toujours la meilleure, surtout quand ça vient juste de se passer et que je suis encore dans le sas de décompression.

— Est-ce que je te parais en progrès ?

— Oui... Non... Je ne sais pas.

— C'est embêtant.

— Qu'est-ce qui est embêtant ?

— Que tu ne sois pas capable de dire si, comparé à la dernière fois, j'ai fait des progrès.

— (Énervée et ironique) Mais si, tu as fait des progrès ! À chaque fois tu fais des progrès ! Tu es en progrès constant !

— Tu dis ça pour me faire plaisir ? Parce que mes questions t'ennuient ?

— (Faussement accommodante) Mais non, mais non... Tes questions prouvent que tu t'intéresses à moi, que tu n'es pas égoïste. Je te rassure : c'était très bien, et tu es de plus en plus performant.

— Ah ! performant. C'est un mot agréable, c'est un beau compliment. Merci, Lætitia. Donc tu t'es rendu compte de ma petite innovation ?

— Quelle innovation ?

— Comment, quelle innovation ? Tu n'as pas senti la différence ?
— (Troublée, inquiète) Attends que je me souvienne...
— Ou tu n'as rien remarqué, ou tu as déjà oublié, et dans les deux cas c'est pour moi décevant.
— (Rayonnante) Ça y est, j'y suis. Tu as dit pour la première fois le mot youpi.
— Youpi ?
— Youpi ! Youpi ! Deux fois.
— (Stupéfait) Mais quand ?
— Au moment le plus intense.
— J'ai dit youpi youpi pendant que toi tu disais oui oui oui ?
— Oui, à peu près en même temps.
— Tu me fais marcher ?
— Je te jure que non. Si tu as dit deux fois youpi sans t'en rendre compte, c'est que tu n'étais plus toi-même. Tu étais en extase, et c'est tant mieux.
— Oui, mais pour qu'à ce moment-là, toi, tu remarques que j'ai dit deux fois youpi, c'est que tu n'avais pas décollé et que tu étais encore très lucide. Donc, ce n'était pas très bien ?
— (Très agacée) Mais si, c'était très bien ! Veux-tu que je te l'écrive ? Que je te le chante ? Que je crie moi aussi youpi ?
— Bon, d'accord pour youpi. Mais c'était une innovation involontaire, un produit de mon inconscient, un effet du plaisir, et non pas sa cause. Alors que je te demandais, Lætitia, si tu avais remarqué l'initiative que j'ai prise pour être, je reprends le terme que tu as employé, plus performant.

— Non, en dehors de youpi, je ne vois pas, désolée...

— Eh bien, d'habitude je suis un rythme techno, boum boum boum, avec parfois un peu de jazzy. Mais, cette fois, j'avais opté pour le paso doble, musique à deux temps très rythmée, ni trop rapide ni trop lente.

— Ah, bon... Tu sais, moi, la musique... Je n'ai pas d'oreille...

— Mais c'était une musique du corps, intime. Pas besoin d'avoir une bonne oreille.

— Franchement, non, je n'ai pas ressenti de différence.

— La techno et le paso doble, pour toi c'est la même chose ?

— Dans ce cas, oui, excuse-moi. Peu importe la partition puisque le tempo était le bon et le résultat excellent.

— Excellent ? Vraiment ?

— (De plus en plus excédée) Oui, mais oui, excellent ! Tu es fatigant, à la fin.

— S'il te plaît, une dernière question ?

— Vraiment la dernière ?

— Juré !

— Je t'écoute.

— Est-ce qu'il t'arrive de penser à Dieu en faisant l'amour ?

— (Stupéfaite) À Dieu ?

— Oui, à Dieu, pourquoi pas ? Dieu est Félicité, Jouissance, Extase, Béatitude. Il a tout à fait sa place dans un acte de recherche de dépassement de soi, de sublimation du corps et de l'esprit. Dieu est Amour.

— Eh bien, non, je ne pense pas à Dieu à ce moment-là.

— Dommage ! Il y a sûrement des femmes – des hommes aussi, mais je ne les approche pas dans ce genre de situation – qui ont la sexualité mystique. J'aimerais un jour en rencontrer une. Alors, je cherche...

— Non, pas moi.

— Mais alors, à quoi tu penses quand tu fais l'amour ?

— Ah, non ! Ça suffit ! J'en ai marre de tes questions. Marre ! Après l'amour, ce n'est plus un amant que j'ai dans mon lit, c'est un sondeur de la Sofres. Je me rhabille et je fiche le camp. Salut !

À la pudeur du langage, vous aurez remarqué, ô lecteurs amènes et sagaces, que j'étais encore très jeune. J'ai continué par la suite de soumettre mes partenaires à des questionnaires post-coïtaux, mais en employant un lexique plus technique, entériné par l'usage : queue, chatte, clito, jouir, etc. Plus de réalisme, moins de charme. Ça a toujours été le problème de mon activité professionnelle : le réalisme des questions ne retire-t-il pas du charme au monde ?

Une question intempestive

Avec Manon, c'était sérieux. J'aimais jusqu'à sa manière d'éluder mes questions embarrassantes. Elle était gaie et savait surfer avec habileté sur les petits déboires de l'existence. Dans le mensuel féminin où elle était chargée de la décoration, elle avait décidé d'ignorer les piques de ses consœurs plus âgées. J'appréciais sa belle santé physique et morale. Aussi, quand elle me proposa de me présenter à ses parents en allant déjeuner chez eux un dimanche, j'acceptai spontanément. Rompre le pain en famille n'équivaut pas à une signature en mairie et chez le notaire, même si cela en constitue la première étape.

Les parents de Manon habitaient, à Clamart, une grande maison des années trente entourée d'un jardin où l'on remarquait d'emblée l'abondance des roses trémières. Le vaste salon-salle-à-manger était un compromis à la fois amusant et réussi entre les meubles de famille dont on ne voulait pas se séparer et les tables, canapés et chaises ultra-modernes que Manon, forte de sa position dans la rubrique du magazine, avait fait acheter à ses parents à des prix sans concurrence. Sur ses conseils, j'avais moi-même acquis à bon compte un canapé high-tech qui ressemblait à une grosse bouche peinte en rouge.

La cinquantaine tous les deux, M. et Mme G. m'accueillirent avec une cordialité où perçait une curiosité bien légitime. Par quelques boutades et sourires, je sais rapidement mettre à l'aise une compagnie un peu coincée. Manon me donna la réplique, et dix minutes ne s'étaient pas écoulées que nous devisions à quatre, coupe de champagne en main, comme une famille française habituée aux rendez-vous du dimanche.

Puis, pendant que sa mère était retournée en cuisine, j'entrepris avec Manon la visite des tableaux accrochés aux murs et des photographies sous cadre placées sur des crédences ou sur des rayons de la bibliothèque. Fier que je m'intéresse à ses « babioles », le père nous expliquait qui étaient les peintres dont il avait acheté une œuvre. Manon était plus prolixe sur les photos. Elle avait deux sœurs. Je la reconnaissais, même bébé, sans jamais me tromper.

— Et là, cette petite fille, qui est-ce ? demandai-je.

— C'est maman avec ses parents, mes grands-parents. Mon grand-père portait très bien le chapeau et ma grand-mère, tu vois, a un manchon de fourrure, de castor je crois.

— Quel âge a ta maman sur cette photo ?

— Maman, tu as quel âge sur la photo avec tes parents ? demanda Manon en se tournant vers la cuisine.

— Je suis née en 1930 et la photo a été prise en 43, répondit sa mère. J'avais donc treize ans.

— Et où elle a été prise ?

— Adam demande où la photo a été prise.

— Je ne sais pas, dit la mère en entrant dans le salon-salle-à-manger, porteuse d'un plat de langoustines. Allez, à table ! Adam – vous permettez que je vous appelle Adam ? –, mettez-vous, s'il vous plaît, à ma droite.

Je m'assis en me demandant où j'avais vu ce dôme, peut-être celui d'une mosquée, qui était à l'arrière-plan et qui occupait tout le haut de la photo de la maman de Manon avec ses parents. Si le cliché avait été en couleurs, je suis sûr que j'aurais trouvé. Plutôt qu'une mosquée, le toit en forme de majestueux chapeau rond d'une rotonde d'inspiration indienne ? Mais où ? Ça m'a turlupiné pendant le repas, quoique j'aie participé d'abondance à la conversation, expliquant notamment quel était mon travail à *Paris Info* et comment je préparais mes interviews.

Mme G. apportait le fraisier du dessert quand je m'écriai :

— Ça y est, j'ai trouvé ! Et me tournant vers la mère de Manon : je sais où la photo de vos treize ans a été prise. C'est à Vichy. Vous permettez ?

Sans attendre la permission de quiconque, je me levai et allai prendre sur un rayon de la bibliothèque la photo dans son cadre. Puis, me rasseyant et examinant avec soin le document, sans prêter attention au silence qui avait accueilli mon «eurêka !», je dis :

— Oui, c'est bien ça : on aperçoit derrière vous et vos parents le dôme du grand hall des thermes de Vichy. Si la photo était en couleurs, on pourrait admirer les céramiques qui, si je me souviens bien, sont bleues et jaunes. Je n'ai aucun mérite à avoir reconnu ce bâtiment : j'ai passé deux semaines à Vichy avec ma mère qui faisait une cure. J'ai eu le temps de visiter les thermes, le casino, les hôtels, le vieux Vichy, tous les parcs...

C'est alors que je perçus une gêne autour de la table. Le visage de Mme G. s'était fermé. Manon me regardait avec anxiété. Je dis, croyant apporter une certaine détente :

— C'est évidemment l'hiver, ça se voit aux vêtements, le manteau et le chapeau de votre père, le manchon de votre mère... Donc, vous n'étiez pas en cure, tout le monde était en bonne santé, n'est-ce pas ?

— Oui, oui, répondit Mme G. d'une voix pincée.

C'est alors que je m'entendis prononcer la question logique, fatale, qui ne pouvait pas ne pas être posée par un intervieweur professionnel. Pour l'amour de Manon, j'aurais dû dominer ma curiosité. Par égard pour ses parents, j'aurais pu me taire. Mais non, impossible, je devais savoir. Pulsion irrésistible. Pas de sentiment quand le journaliste flaire la dissimulation. Je fixai Mme G. dans les yeux et lui demandai :

— Que faisaient donc vos parents à Vichy pendant l'hiver 43 ?

— Arrête, Adam, dit Manon, plaintive. Tu vois bien que tu embêtes maman.

Pâle, Mme G. me regardait avec stupeur et incrédulité. M. G. tenta une diversion.

— Eh bien moi, je ne connais pas Vichy. Je n'ai jamais eu l'occasion d'y aller. On m'a dit que c'est une très belle ville, un peu vieillotte, peut-être ?

— Moi non plus, dit Manon, je ne connais pas Vichy. Adam, tu pourrais nous y emmener ?

— Volontiers, répondis-je. Mais ça ne répond pas à ma question : que faisait une honorable famille française à Vichy, en 1943 ?

— En quoi ça te regarde ? lança Manon.

— Ça me regarde parce que tout ce qui se rapporte à toi, ma chérie, m'intéresse. C'étaient quand même tes grands-parents maternels. Et je me demande ce qu'ils pouvaient bien faire à Vichy pendant l'hiver 43.

Mme G. me regardait maintenant avec haine. Puis, elle éclata en sanglots, se leva, jeta sa serviette sur la table et courut à la cuisine dont elle claqua la porte.

— Vous voulez la vérité ? dit Monsieur G. Eh bien la voici. Mon beau-père était un haut fonctionnaire de Vichy sous les ordres de Laval dont il était l'ami et le confident. Après la Libération, il a été condamné. Il a fait deux ans de prison. Cette réponse vous convient-elle ?

Gêné, regrettant déjà de n'avoir pas su me contenir, je baissai les yeux devant le regard calmement indigné du père de Manon. J'allai le prier de m'excuser quand il reprit la parole, me fixant cette fois avec une froide colère.

— Votre flair de chien de chasse ne vous a pas trompé : la piste était giboyeuse. Vous avez – volontairement – réveillé chez ma femme de douloureux souvenirs. Vous ne pouvez pas rester une seconde de plus dans cette maison. Je vous prie de partir.

— Fiche le camp ! me lança Manon en se levant de table, je ne veux plus te voir ! Plus jamais...

Seigneur, a-t-il existé entre Louise Labé, dite la Belle Cordière, et Clément Marot, des liens d'amitié et même d'amour ? Se sont-ils jamais rencontrés ou ont-ils formé pendant quelque temps à Lyon un couple clandestin de poètes ?

Seigneur, qui sont les auteurs et les commanditaires de la fusillade antisémite de la rue des Rosiers, Paris IVe, le 9 août 1982, qui a fait six morts et vingt-deux blessés ?

Seigneur, les pâtes alimentaires ont-elles été inventées en Chine et introduites en Italie par Marco Polo ? Mais celui-ci ne prétend-il pas que les pâtes chinoises n'étaient pas aussi bonnes que celles qu'il avait mangées quand il était enfant ?

Seigneur, qu'est devenu le diplomate suédois Raoul Wallenberg après son arrestation par l'Armée rouge, le 17 janvier 1945, à Budapest ? Ayant sauvé de la mort près de cent mille juifs hongrois, quelle fin abominable et injuste l'Histoire lui a-t-elle infligée ?

La pigeonne blanche

Il est fréquent que je me pose des questions – et avec quelle intensité ! – sur de minuscules énigmes, sur des problèmes dérisoires. Je sais qu'y consacrer de la réflexion et du temps n'est pas raisonnable, mais je ne peux faire autrement que de céder à ma pente naturelle qui consiste à tourner autour de ce point de fixation.

Un jour, je remarquai, place Saint-Sulpice, un pigeon tout blanc parmi une centaine d'autres que des grains jetés à la volée avaient rassemblés. Des pigeons avec des plumes ou des parties du corps blanches ne sont pas rares, mais que l'un soit immaculé de la tête au bout de la queue est exceptionnel. Quelle en est la probabilité d'existence ? Comment s'explique ce phénomène génétique ? Mâle ou femelle ? Il faudrait que je me renseigne.

Les pigeons sont connus pour n'être pas très futés, mais on ne peut imaginer qu'ils n'aient pas remarqué la présence parmi eux d'un ou d'une congénère dont la couleur et l'apparence sont différentes des leurs. Sa singularité lui mérite-t-elle (je penchais pour une fille) l'admiration et le respect de toute la tribu ? Sa considération lui vaut-elle de jouir d'un statut spécial, avec des avantages pour son logement et sa nourriture ? Étant plus désirée des mâles que les autres pigeonnes, déclenche-t-elle de furieuses batailles au terme desquelles elle devient la propriété du plus fort ? Ces volatiles ayant la réputation de former des couples fidèles, provoque-t-elle chaque année des drames conjugaux ? Est-elle jalousée et détestée des pigeonnes au plumage ordinaire ?

Au contraire, la pigeonne blanche est-elle rejetée de la tribu à cause de sa couleur ? Est-elle en butte au mépris raciste de ses congénères ? Endure-t-elle des mises à l'écart, des violences ? Éprouve-t-elle des difficultés à trouver un mâle qui veuille bien, affrontant avec courage l'opprobre des autres, s'accoupler avec elle et ensuite nourrir leurs enfants ?

La beauté rarissime de cette pigeonne blanche est-elle un atout ou un handicap ?

Telles étaient les questions que je me posais tandis que je regardais les pigeons picorer avec frénésie. Celle qui à mes yeux était une star se comportait comme les autres, n'étant ni assistée ni contrariée, en sorte que j'étais incapable de conclure à sa chance ou à sa malchance d'être ce qu'elle était.

Pensant à elle le même soir avant de dormir, je me demandai si elle était consciente de sa singularité. Avait-elle découvert sa différence dans le regard ou l'attitude des autres pigeons ? Les vitrines et les glaces de la rue Bonaparte et de la rue Saint-Sulpice lui avaient-elles renvoyé l'image de son altérité ? S'en était-elle réjouie ou effrayée ? Faisait-elle un complexe de supériorité ou regrettait-elle, peut-être douloureusement, de ne pas être semblable aux autres ? Remerciait-elle ou maudissait-elle le ciel des columbidés d'avoir été distinguée de la multitude ?

Le lendemain matin, j'attendis la vieille dame qui, sitôt qu'elle parut sur la place, provoqua la descente en piqué des pigeons des deux tours de l'église Saint-Sulpice. Mais, parmi ses habituels et nombreux convives, ne figurait pas la pigeonne blanche. Elle ne parut pas non plus les jours suivants. Elle avait disparu, ce qui suscita en moi des craintes et des questions. Avait-elle fui la communauté des pigeons de Saint-Sulpice pour trouver refuge dans une communauté plus accueillante ? Des jaloux lui avaient-ils fait chèrement payer l'attention admirative et insistante que j'avais eue pour elle ? Avait-elle été enlevée par un pigeon fou amoureux venu d'un autre quartier de Paris ? Était-elle morte subitement d'une maladie aussi rare que son plumage, due à sa marginalité génétique ? Ne pouvant supporter plus longtemps la discrimination dont elle était l'objet, s'était-elle suicidée en ne s'envolant pas à l'approche d'une voiture ? Un colombophile l'avait-il capturée ? Un ornithologue ? Un vétérinaire ? Un adepte des messes noires qui l'aurait confondue avec une colombe ?

Je souffris longtemps de la disparition de la pigeonne blanche, plus encore de mon incapacité à en donner la raison, de mon impuissance à répondre aux questions que je m'étais posées à son propos. On verra que c'est bien pis quand c'est une femme qui me laisse dans les ténèbres de l'ignorance.

Qui sont-ils ?

Quand il fait beau, s'asseoir à la terrasse d'un café, regarder les gens passer et s'interroger sur ce qu'ils sont d'après leur apparence, est un jeu amusant. Je ne peux plus le pratiquer depuis que la télévision a fait connaître mon visage. De chasseur je suis devenu gibier. Je regrette le temps où, inconnu, attablé chez Francis à l'Alma, aux Deux Magots ou au Flore, à Saint-Germain-des-Prés, au Madrigal, sur les Champs-Élysées, ou au café de la Mairie, place Saint-Sulpice, je questionnais du regard les piétons. À plusieurs, c'est encore plus divertissant parce que l'on est rarement d'accord. De l'habillement, du visage, de la façon de marcher, de parler, de l'allure, on n'imagine pas la même personnalité et la même histoire.

— Je te parie cent balles que cette rousse est anglaise, mariée, un enfant.

L'un de nous lui courait après.

— *Excuse me, Madam, I was betting with my friends which you can see there in the café that you were English, married and mother of a child.*

Étonnement et agacement de la jeune femme d'être ainsi abordée dans la rue. Surtout en anglais. Après avoir sacrifié à l'honnêteté en montrant quelques réticences à répondre, elle lâchait enfin :

— Je suis française, parisienne, j'habite le quatorzième, je ne suis pas mariée, mais, c'est vrai, j'ai un enfant.

Celle-ci avait accepté de se joindre à nous. Elle était convaincue que nous avions mis au point ce stratagème pour draguer les filles. Non, ce n'était pas le but, même si, parfois, on en retirait ce malin bénéfice. L'envie de percer l'identité d'une personne à travers son aspect extérieur était notre seule motivation. De la psychologie au jugé. Nous nous moquions aussi beaucoup des passants les plus extravagants, les plus conformistes, les plus sinistres, des touristes en troupeau, des hommes et des femmes en uniforme.

C'était déjà plus sérieux quand notre investigation se déroulait au restaurant et que nous avions le temps d'un repas pour nous faire une opinion sur les personnes réunies autour d'une table voisine. J'étais meilleur quand j'avais le loisir d'observer et de juger que lorsqu'il fallait conclure au débotté, en quelques secondes.

Je me souviens d'avoir raflé l'argent parié contre trois de mes camarades alors que nous dînions ensemble et que nous nous étions mis au défi de deviner la profession des deux femmes et des deux hommes qui mangeaient pas trop loin de nous, mais assez pour que nous ne les entendions pas et qu'ils ne remarquent pas nos regards souvent portés sur eux.

Il était évident que la belle jeune femme, une trentaine d'années environ, brune aux yeux bleus, les cheveux courts, une charmante fossette à une joue, était l'épouse ou la compagne de l'homme qui était à sa droite et la fille du couple plus âgé qui complétait la table. Ce n'étaient pas les parents du mari en raison de la ressemblance des deux femmes. Par son maintien, sa faconde, une certaine autorité qui se dégageait de sa personne, il apparaissait que l'homme le plus jeune était le personnage dominant et probablement la puissance invitante. Il avait ses habitudes dans ce restaurant où le personnel lui manifestait une attention respectueuse et empressée. D'une génération à l'autre on s'était élevé dans la hiérarchie sociale. Et, probablement, était-on passé de la province à Paris.

Sur ces premières observations et déductions nous étions tous d'accord. Mais nous choisîmes des professions différentes. Pour le gendre : banquier, publicitaire, membre d'un cabinet ministériel, et, à mon avis, avocat. Parce qu'il parlait fort, qu'il était très bavard et qu'il pointait souvent l'index de la main droite vers un serveur, vers une assiette, vers rien du tout, geste d'accusation ou de déstabilisation que font souvent les avocats pendant les interrogatoires et les plaidoiries. Sa femme, je l'envisageais, sans raison logique, dans la communication : attachée de presse, directrice de relations extérieures... Quant au père, je le voyais bien propriétaire viticole ou négociant. Son gendre lui demanda de choisir le vin, et le sommelier, avec une déférence appuyée, engagea avec cet homme à la cravate démodée une longue conversation que je n'entendais pas mais que j'imaginai technique. C'étaient visiblement deux experts qui prenaient du plaisir à échanger des informations et des jugements. Quant à sa femme, mère de famille, elle devait probablement l'aider à tenir la comptabilité de la propriété ou de la société.

Quand ils eurent fini de manger le dessert, c'est moi qui me suis levé et déplacé et qui, à leur étonnement, puis à leur amusement, leur ai exposé les raisons pour lesquelles je me permettais de les importuner.

— Dites à vos amis de nous rejoindre à notre table, lança le gendre. Et nous vous révélerons nos professions.

— Vous aimez le côte-rôtie ? me demanda le beau-père. Sans attendre ma réponse il appela le sommelier et en commanda une bouteille. Vous comprendrez pourquoi, ajouta-t-il, ce qui me donna à penser que, sur lui, je ne m'étais pas trompé.

Tous les quatre, à tour de rôle, leur avons dit quelle profession nous avions attribuée à chacun. Ils rirent beaucoup. Sauf avec moi qui parlai le dernier et qui avais vu juste, à la différence près que la jeune femme n'était pas attachée de presse mais traductrice dans une agence de communication. Son père était vigneron dans la Côte-Rôtie et sa femme, qui avait mis au monde quatre enfants maintenant envolés, tenait la comptabilité du domaine.

— Comment avez-vous deviné que je suis avocat ? me demanda M^e B.

— À votre doigt pointé, lui répondis-je. Les avocats font souvent ce geste.

— Les juges aussi.

— Oui, c'est vrai, je n'y avais pas pensé. Alors disons que vous avez plus la tête d'un avocat que d'un juge.

Ô lecteurs amènes et cependant agacés par ce qui peut passer pour de la suffisance, je ne raconte pas ce souvenir pour jouer au malin, pour me donner le beau rôle. Je veux seulement montrer que j'ai toujours eu un certain don pour deviner la personnalité de l'autre. Pour me glisser sous son armure sociale. Pour décrypter ses attitudes, ses airs, ses dehors. Pour raccourcir les distances entre lui et moi, et hâter la confiance. Ce sont des atouts gagnants dans mon beau métier d'intervieweur.

Dormeur

Pourquoi les éléphants ont-ils une formidable mémoire ? J'ai oublié. Parce qu'ils ont un cerveau énorme ? Parce que pendant qu'ils marchent avec lenteur et sagesse ils ont le temps de se remémorer ce que leur longue existence leur a enseigné ? Parce que chez les pachydermes la transmission des usages et des traditions est si nécessaire à leur existence que, depuis leur apparition sur terre, leur intellect en a été modifié, bonifié, développé ? Parce que, je ne sais pas, moi, je commence vraiment à m'énerver, à cause de leur trompe, de leurs vastes oreilles, de leurs défenses ? Parce que... Mais est-on sûr que les éléphants ont une mémoire infaillible ? Ça n'est pas une idée reçue ? Une de plus ! Ça n'est pas un canular, une légende ? Et moi qui ai écrit dans un article que Philippe M. a une mémoire d'éléphant, est-ce que je n'ai pas écrit une connerie ? Non, la connerie, ce n'est pas que j'aie dit que Philippe M. a une mémoire exceptionnelle, c'est que je l'aie comparée à celle d'un éléphant. J'aurais dû vérifier, j'aurais dû... C'est à ce moment-là que, le cerveau en surchauffe, je me réveille.

Ainsi en est-il souvent de mes nuits. Même quand je dors, la questionnite ne me lâche pas.

J'ignore comment des questions intempestives, parfois idiotes, parviennent telles des petites couleuvres à se glisser dans ma tête pendant mon sommeil. Si je le savais, nul doute que je les refoulerais. Car je suis leur victime. Mon repos en est interrompu. Mon irritation d'avoir été réveillé, ma colère d'avoir été une nouvelle fois le jouet d'une machination de mon esprit me perturbent si fortement que, les yeux grands ouverts, je ne renouerai pas avec le sommeil avant longtemps.

Un mot, une image suffit à enclencher le mécanisme du rêve perturbateur. Une lecture, un souvenir, une parole, une scène de rue ou de bureau, une joie, un chagrin. Sur les causes je ressemble à tout le monde. C'est dans le déroulement des rêves et des cauchemars que, semble-t-il, je me distingue des autres victimes de la nuit. Car chez moi ils s'organisent et se développent de telle façon qu'à la fin ils forment une question à laquelle je ne peux répondre et qui constitue un tel obstacle que, butant dessus, je me réveille, excité, la bouche sèche, parfois en sueur. J'aboutis toujours à un quiz auquel je suis astreint sans préparation, sans aide, sans joker. Dans les jeux télévisés, le temps de la réponse est limité. Sous ma couette, il est illimité. Il ne prendra fin que lorsque la pression de l'ignorance, l'angoisse de l'échec me tireront avec rudesse d'un sommeil épuisant.

Ainsi, une fusée russe décollée de Baïkonour au journal télévisé de vingt heures avait-elle fait un crochet par ma petite tête endormie. Elle y avait laissé cette question : quel est le nom de la chienne envoyée par les Soviétiques dans l'espace à bord d'un spoutnik ? Belka ? Troïka ? Salka ? Vodka ? Son nom est court et se termine par a, j'en suis sûr. Tu dois trouver. Il faut que tu trouves. Alta ? Volga ? Katcha ? Pliska ? Vajda ? Karga ? Gaga ? Gaga me réveille et c'est moi, furieux, qui me traite de gaga. Qu'est-ce que ça peut te foutre le nom de cette chienne ? Idiot ! Maso ! Mais je ne me rendormirai que lorsque je le saurai. Alors je me suis levé et j'ai consulté une encyclopédie du cosmos et des étoiles. Elle s'appelle Laïka. Vie de chienne, chienne de vie.

Exemples plus récents de mes nocturnes et intempestives questions :

Pourquoi le ciel et la mer sont-ils bleus ?

Peux-tu, sur une carte aveugle de l'Afrique, donner un nom à chaque pays ?

Qu'est-ce que l'ostéomalacie ? (Je redoute particulièrement ces mots savants dont je ne connais pas le sens, que je tourne et retourne jusqu'à ce qu'ils explosent dans mon cerveau soi-disant au repos.)

En s'injectant son venin, le scorpion est-il le seul animal à pouvoir se suicider ?

De Clovis à Louis-Philippe, combien y a-t-il eu de rois de France ?

Le classement des cinq meilleurs hôpitaux et cliniques pour la greffe du rein selon le palmarès de la presse ?

Ma nervosité est telle que je finis par réveiller ma compagne (là, c'était Béatrice).

— Tu ne dors pas ?
— Si... Enfin, non, je cherche.
— Tu cherches quoi ?
— Comment est mort Attila.

— Tu cherches comment est mort Attila ? À trois heures et demie du matin ! Non, mais je rêve !

— Non, tu ne rêves pas. C'est moi qui rêvais. À Attila. Et je m'aperçois que j'ignore comment il est mort. Tu sais, toi ?

— Ah, non, pas du tout. Et je m'en fiche royalement !

— Vaudrait mieux savoir, quand même...

— Il y a des lacunes plus graves.

— Oui, mais c'est celle-là qui m'a réveillé.

— La réponse peut attendre le matin, tu ne crois pas ? Attila est mort il y a longtemps, rien ne presse.

— Non, il faut que je sache tout de suite, sinon je ne me rendormirai pas.

— Alors, dans ce cas... Attila a toujours été un emmerdeur. On l'appelait « le fléau de Dieu ».

— Pardonne-moi, je me lève, je vais aller consulter Wikipédia.

Trois minutes après, je me glissai de nouveau sous la couette, arborant l'air satisfait de celui qui sait.

— Attila est mort le 15 mars 435, au cours de sa énième nuit de noces, étouffé dans son sommeil par un saignement de nez.

— Fin plutôt pitoyable pour un conquérant. Pas de quoi se lever la nuit !

— Ben, si, tu vois...

Parfois, pendant les minutes où le sommeil tarde à me reprendre, je pense à ce carambolage du rêve et de l'ordinateur, cette alliance du subconscient et d'Internet, cette demande surgie de la nuit qui trouve sa réponse à la lumière de Wikipédia. La modernité au secours des vieilles et obscures forces du cauchemar. Et, chaque fois, en un temps record. Même si cela m'agace, je dois reconnaître que ma culture s'est enrichie de mes pollutions intellectuelles nocturnes.

Encore faut-il que les questions ne soient pas absurdes ou sans intérêt. Comme celle qui m'a agité la nuit dernière : les noms des sept nains de Blanche Neige ? Dérisoire, inutile, ridicule. N'empêche, je comptais et recomptais : toujours six. Je recommençais : Prof, Timide, Simplet, Grincheux, Atchoum, Joyeux... Mais le septième ? Le septième, on s'en tamponne ! Dors, crétin ! Mais je dormais puisque je rêvais aux sept nains de Blanche Neige. Il m'en manquait un et c'était intolérable. Exaspérant. Voyons : Joyeux, Timide, Simplet, Prof, Atchoum, Grincheux... Ça fait toujours six. Et le septième ? À la fin, excédé, je me suis réveillé. Dans le silence de la chambre, les yeux ouverts, la mémoire maintenant consciemment sollicitée, j'ai recompté : Simplet, Grincheux, Timide, Joyeux, Prof, Atchoum... Et, oh oui, mais oui, Dormeur.

Seigneur, Talleyrand, qui fut l'amant de l'épouse de son prédécesseur au ministère des Relations extérieures, Charles Delacroix, est-il le père du peintre Eugène Delacroix ?

Seigneur, comment sont réellement morts certains protagonistes de « l'affaire des frégates de Taïwan » ? James Kuo, qui se serait jeté du haut de l'immeuble où il travaillait ? Thierry Imbot, tombé de chez lui en fermant ses volets ? Jacques Morisson, suicidé en choisissant, lui aussi, le saut dans le vide ? Jean-Claude Albessard, victime d'un « cancer foudroyant » ? Yves de Galzin, victime d'un « accident thérapeutique » ? Michel Rouaret, victime d'une crise cardiaque ? Et qui a assassiné – seul acteur de cette affaire officiellement mort de la main d'un tiers – le capitaine taïwanais Yin Chin-feng ?

Seigneur, sur une photo retrouvée par hasard en 2010, prise à Aden, au Yémen, en 1879, où posent six personnages, l'un est-il Rimbaud, comme le soutiennent mordicus certains spécialistes du poète, alors que d'autres rimbaldiens assurent avec autant de conviction que ce n'est pas lui ?

Seigneur, qui est le soldat inconnu mort pendant la Première Guerre mondiale et enterré sous l'Arc de Triomphe le 11 novembre 1920 ?

Tu tires ou tu pointes ?

À l'occasion du centième anniversaire de Gallimard, j'ai fait un tête-à-tête, dans mon émission «Aparté», avec Antoine, l'actuel patron de la maison d'édition, petit-fils du fondateur Gaston Gallimard.

Après l'enregistrement, nous avons bu un verre. Il m'a dit :

— Depuis le temps que vous posez des questions, avez-vous songé à écrire un livre sur le sujet ?

— Non.

— J'imagine un essai sur les questions, leur philosophie, leur rôle, leur technique. Qu'en pensez-vous ?

— C'est une question ou une proposition ?

— C'est une proposition en forme de question.

— Intéressant. Je vais y réfléchir.

Le week-end suivant, j'y ai si activement réfléchi que j'ai mis noir sur blanc quelques notes que voici.

Au commencement était le Verbe et le Verbe s'est fait Question.

De la Question naquirent des milliards et des milliards de questions qui engendrèrent des milliards de milliards de réponses, qui provoquèrent des milliards et des milliards de questions, qui, à leur tour... C'est pourquoi l'univers est en expansion continue.

Car il y a toujours plus de questions que de réponses.

Tant qu'il y aura ne serait-ce qu'une seule question restée sans réponse la Terre continuera de tourner.

La fin du monde aura lieu le jour où ce qui restera historiquement la dernière réponse ne suscitera pas une nouvelle question.

Car la question c'est la vie.

« Là n'est pas la question ».

Réplique ou commentaire à ne jamais dire. Car, ici et là, *est* la question. Elle est partout. Elle foisonne, elle pullule. Elle s'insinue ou elle s'intronise. Elle dérange ou elle est attendue. Elle inquiète ou elle rassure. Elle est directe ou elle est emberlificotée. De toute façon, elle est inévitable. Nécessaire et omniprésente.

La question pousse là où il y a de l'espace et là où il y a du temps. Elle fleurit comme giroflée là où il y a de la vie et comme chrysanthème là où il y a de la mort. Les obscurantistes qui la coupent comme du chiendent la voient repousser plus drue et plus haute. Elle est inexpugnable, indéracinable.

La question est devant, derrière et à côté. Elle est en haut, jusqu'à la métaphysique, et elle est en bas, jusque dans l'organisation de la fourmilière. Elle est en deçà et au-delà. Elle est *urbi et orbi*. Elle est posée et elle court. On achoppe toujours sur une question. Elle est inéluctable et incontournable.

Fuir une question, c'est renoncer à la lumière.

Le corps de l'homme n'est pas seulement fait de chair, d'os, de nerfs, de sang et d'eau. Il est fait aussi de questions. Combien ? Impossible de le savoir. Questions de génétique, de biologie, de psychologie. Savants, experts et techniciens ont déjà maîtrisé de nombreuses questions. Il en reste beaucoup d'autres. Il en restera toujours.

Tout corps vivant est fait de questions. Où se logent-elles ? Dans les articulations ? Dans les jointures ? Dans les commissures ? Dans les plis ? Là où ça se noue ou là où ça coince ? Questions de grenouilles, questions de lynx, questions de rouges-gorges, questions de chênes, questions de résédas, questions de bactéries, questions de squales, questions d'hippopotames. Et les fracassantes questions des galaxies ?

Pour mémoire : la question de Dieu.

Donc, les questions sont innombrables. Il y en a tant, elles font tellement peur qu'elles découragent parfois des vocations d'étudiant, de chercheur, de philosophe, de théologien, de psychanalyste... Trop de questions peuvent retenir des enfants de grandir. Trop de questions peuvent gâcher les derniers jours de femmes et d'hommes qui s'étaient pourtant préparés à la mort avec sérénité.

C'est pourquoi l'on s'efforce de ramasser toutes les questions en deux ou trois jugées fondamentales. La célèbre phrase de Gauguin, titre de l'un de ses tableaux, en est un exemple : « D'où venons-nous ? Que sommes-nous ? Où allons-nous ? »

Réponse d'un pessimiste : Nous venons du néant, nous ne sommes rien, nous retournons au néant.

D'un croyant : Nous venons de Dieu, nous sommes des chrétiens, nous allons au Paradis.

D'un compagnon d'Ulysse : Nous venons de Troie, nous sommes des héros grecs, nous allons à Ithaque.

D'un champion cycliste : Nous venons de Briançon, nous sommes les coureurs du Tour de France, nous allons à L'Alpe-d'Huez.

D'un académicien : Nous venons de l'anonymat, nous sommes des Immortels, nous allons vers l'oubli.

D'un membre du Collège de philosophie : Nous venons de chez Socrate, nous sommes des philosophes, nous ne savons pas où nous allons car, le saurions-nous, nous ne serions pas des philosophes.

Quand une question devient une scie, on la moque en la détournant. Il en est ainsi du célèbre « to be or not to be » de *Hamlet*, cible des humoristes, et pas seulement des Anglais. De même « et Dieu dans tout ça ? », question attribuée à Jacques Chancel, excellente au demeurant mais victime de son succès médiatique.

Aucune question ne peut prétendre résumer ou remplacer les autres. Toutes ont droit de cité. Comme les brins d'herbe, elles sont une multitude.

Mais si je devais ne retenir qu'une seule question parce qu'à la fois ouverte et précise, allégorique et concrète, je la chiperais aux joueurs de pétanque : « Tu tires ou tu pointes ? » D'ailleurs, je l'ai posée plusieurs fois à des personnalités qui ne l'attendaient évidemment pas. La plupart marquèrent de l'embarras avant de faire des réponses souvent intéressantes parce que révélatrices de leur manière de fonctionner.

Celui qui tire va droit au but. Il ne tergiverse pas, il ne finasse pas, il frappe. Assez fort et assez juste pour dégommer l'autre, faire un carreau et prendre sa place. Le tireur aime courir des risques, il a confiance dans son adresse. Il voit juste, sa main ne tremble pas. Il est persuadé que la chance est avec lui. Il sait bien que, s'il rate, il perd la face et la partie, et que ceux qui lui conseillaient de pointer, d'employer la manière douce, ne lui pardonneront pas sa maladresse et son arrogante assurance. Mais s'il tire avec efficacité, son geste sera applaudi, son audace célébrée. Il a du panache et, de toute façon, il est convaincu que le monde appartient à ceux qui tirent, qui lancent, qui se projettent en avant, qui choisissent la vitesse et la force.

Au contraire du tireur, le pointeur parie sur la réflexion, la lenteur, l'habileté, la ruse. Il reprendra l'avantage grâce à la subtilité de son plan, au dosage dans son action de l'énergie et de la retenue, de l'élan et de la résistance. Faire rouler: telle est sa philosophie. Ce n'est pas spectaculaire, mais c'est plus sûr, surtout quand on a bien étudié le terrain et qu'il y a la place pour devancer l'autre ou le pousser légèrement. Le rouler en roulant. Le chemin est tout tracé, il suffit de le suivre. Il le suivra avec application et une maîtrise parfaite de son geste. S'il échoue, la déception sera d'autant plus grande qu'il avait choisi la prudence et qu'il n'aura même pas l'excuse de la hardiesse du tireur. Mais il est pénétré de l'idée que le monde appartient à ceux qui pointent juste, qui réfléchissent avant d'agir, qui préfèrent à la force des manières feutrées, astucieuses et contournantes.

Rares sont les personnes qui savent aussi bien pointer et tirer, et qui, selon les circonstances, se décident pour l'une ou l'autre exécution.

Créon : « Quoi ? Que dis-tu ? Quelqu'un a osé. Qui ? » Il y a toujours quelqu'un qui ose. Et il y a toujours quelqu'un qui veut savoir qui a osé. Pour le punir. Il y aura toujours une Antigone pour désobéir au roi, à l'État, à la loi, à la coutume. Surtout, il y aura toujours un Créon, roi ou gendarme, pour enquêter. À moins que ce ne soit un journaliste ou un internaute, un parent ou un voisin animé par la seule curiosité. Qui a osé ? Ce n'est pas tous les jours qu'on rencontre une Antigone. Ça vaut le coup de chercher.

Jeune journaliste au *Marc'Aurelio*, Federico Fellini y avait créé une rubrique intitulée « Mais est-ce que tu m'écoutes ? » Succès considérable, auprès notamment des garçons et des filles de son âge. Les Italiens écoutaient si bien Fellini qu'ils s'interpellaient en se posant la question devenue une scie.

« La question ne se pose pas, il y a trop de vent. »
Boris Vian.

Bernard Pivot m'a raconté que, dans les années 60, journaliste débutant au *Figaro littéraire*, il avait été surpris de la coutume lancée par son confrère Jean

Prasteau de se saluer le matin par un : « Comment ça va sexuellement ? » Dieu sait que le journal n'était pas porté sur la gaudriole. Sous les lambris dorés de l'hôtel particulier du rond-point des Champs-Élysées, cette question posée à brûle-pourpoint à des personnes non prévenues les laissait stupéfaites.

« Qu'est-ce qu'il fait, qu'est-ce qu'il a, qui c'est celui-là ? » chantait Pierre Vassiliu. Oui, chaque fois que nous croisons un homme qui nous paraît étrange par ses habits, par ses manières ou par sa conversation, nous nous demandons qui c'est celui-là ? Ou qui c'est celle-là, tellement bizarre dans sa façon d'être au monde sans être comme tout le monde ? Il en faut peu : une boucle d'oreille, un tatouage, une jupe très courte, un accent, un rire, une onomatopée, une liberté de geste ou de parole, un nom imprononçable ou un prénom baroque, pour susciter avec circonspection, voire un peu de dédain, la question identitaire.

À celui-ci, trop conforme, normal jusqu'à l'effacement, on ne demande jamais qu'est-ce qu'il fait, qu'est-ce qu'il a, qui c'est celui-là ?

« Technocrates, c'est les mecs que, quand tu leur as posé une question, une fois qu'ils ont fini de répondre, tu comprends plus la question que t'as posée. »
Coluche, « L'étudiant ».

« De quoi s'agit-il ? » Le maréchal Foch interrompait ainsi ses officiers qu'il jugeait bavards et filandreux, ou ses élèves de l'École de guerre égarés dans des réponses fumeuses. La question est un rappel à la brièveté, à la clarté et à l'exactitude. Allez à l'essentiel, soyez précis sans vous noyer dans des détails superflus. À l'écoute de conférences, d'homélies, de narrations, de témoignages, d'interviews, combien de fois avons-nous eu le regret de ne pas oser en interrompre le cours par un « de quoi s'agit-il ? » qui eût claqué comme le coup de pistolet de Stendhal au milieu d'un concert.

Comment ça se présente ? Comment ça va ? Comment ça évolue ? Comment ça tourne ? Comment ça se passe ? Où ça en est ? Questions attrape-tout. La petite monnaie de la curiosité. Le « ça » peut aussi bien désigner une compétition sportive qu'une épidémie, une émeute, un procès, une grève ou un festival. Le « ça » peut être aussi du privé : des amours, un divorce, un cancer, un contrôle fiscal, un déménagement. On ne parvient pas à suivre tout le temps. On perd le fil. Alors on s'informe. On interroge un qui sait. Quoi de neuf ? Il y a du nouveau ? Tu as appris des choses ? Ça marche ? Ça roule ? Ça se complique ? Ça va comment ? On en est où ? Dans certaine campagne on dit : « Où en sommes-t-on ? »

Du poète Jules Laforgue :
« Maniaques de bonheur,
donc, que ferons-nous ? »
Nous ferons des confitures. Nous ferons des caprices. Nous ferons des romans. Nous ferons la fête. Nous ferons des crimes. Nous ferons l'amour. Nous ferons des

extravagances. Nous ferons le dos rond. Nous ferons des poèmes. Nous nous ferons des illusions.

Quand l'on se pose des questions à propos du bonheur, c'est que cela ne va pas fort. Les maniaques du bonheur sont des tyrans.

— Qui t'a fait comte ? lui demanda Hugues Capet.
— Qui t'a fait roi ? lui répondit avec insolence le comte Aldebert de Périgord.
On peut hisser d'un rang la double interrogation.
— Qui t'a fait pape ? lui demande Dieu.
— Qui t'a fait Dieu ? lui répond le pape.

On attend toujours quelqu'un. Qui ? Le Messie, ta sœur, Grouchy, le livreur de pizzas, les pompiers, les missi dominici, Ulysse, le facteur, Zorro, le médecin, la pute à domicile, Roland à Roncevaux, Mireille, Marius, Martin Guerre, le colonel Chabert, l'Arlésienne, Godot, etc. Il faut toujours attendre quelqu'un. L'espérer. Le désirer. Mais qui ?

Si je faisais passer l'oral de l'ENA, je poserais aux candidats la question de Charles Trenet dans sa chanson «Une noix» : «Qu'y a-t-il à l'intérieur d'une noix ? Qu'est-ce qu'on y voit ?» S'ils sont capables de citer quelques-unes des choses que le fou chantant y a vues, par exemple des chevaux du roi, un voilier noir, des abbés à bicyclette, le 14 juillet en fête, des reposoirs, etc., la bonne note est déjà assurée. Triomphe si, en plus, sans marquer de temps d'étonnement ou de trouble, comme si la question allait tellement de soi qu'ils en avaient préparé la réponse, ils sortent et étalent devant moi un peu du bric-à-brac de leur imaginaire.

Suis-je le père de cet enfant ? Ma fille a-t-elle raison de m'appeler papa ? Curieux que mon fils me ressemble si peu, vous ne trouvez pas ? Le doute s'installe dans l'esprit du père. Il est taraudé par « la question de la paternité ». Comment être sûr ? Comment savoir ? Les progrès de la biologie lui permettent d'entreprendre une « recherche en paternité ». L'ADN répondra. Le sien et celui de l'enfant. Un « test de paternité » établira avec certitude la filiation. Si celle-ci n'existe pas, il se peut que le courrier du laboratoire soit la première pièce à verser au dossier d'un drame familial.

La conquête par les femmes du libre usage de leur corps a eu pour conséquence de rendre les pères incertains de l'être. Ils ont de moins en moins de garantie sur la contribution de leur semence à des fécondations que les mères leur ont attribuées. C'est pourquoi la question « est-ce moi le père ? » sera dans l'avenir une question à succès.

Il est possible de procéder autrement que par des tests ADN. C'est du moins ce que prétend un humoriste. Il raconte qu'un père de huit enfants, après les avoir réunis, leur a dit : « Je sais que l'un de vous n'est pas de moi. J'attends qu'il se dénonce. »

Jean-Manuel T., collaborateur d'Antoine Gallimard, l'un des responsables du département des essais, m'a téléphoné pour me proposer un rendez-vous. Nous parlerons de ce livre sur la question dont son patron a eu l'idée. Il a des questions à me poser. Moi aussi.

Seigneur, est-il vrai que Céline a fait la connaissance de Mata-Hari, dans les premiers jours de décembre 1915, au consulat général de France à Londres ? L'at-elle invité à dîner, ainsi que son camarade Georges Geoffroy, au Savoy, et ont-ils ensuite couché tous les trois ensemble ?

Seigneur, les Gaulois ayant inventé le tonneau, comment expliquer que Diogène, dit le Cynique, qui vivait à Athènes plus de trois siècles avant Jésus-Christ, avait élu domicile dans un tonneau ?

Seigneur, qui a torturé et assassiné le militant révolutionnaire brésilien Carlos Alberto Soares de Freitas, dit « Beto », arrêté à sa descente d'un autobus de Rio, le 15 février 1971 ?

Seigneur, qui est l'honnête et discrète personne qui, le 23 septembre 1985, a glissé, sans un mot, dans ma boîte aux lettres, avec argent et papiers, mon portefeuille que j'avais perdu quelques heures plus tôt dans la rue ?

La méthode en questions

L'étrange est que je tombe amoureux sans me poser de questions. Elle me plaît, j'ai envie de lui parler, de la connaître, de susciter son intérêt, enfin de la séduire. Elle forme un tout agréable à regarder et à écouter. Je ne la détaille pas comme font la plupart des romanciers quand ils racontent la naissance d'une passion ou même d'un simple flirt. Je ne m'interroge pas sur les raisons de mon attirance ou de mon coup de foudre. Je le constate, j'éprouve un vif et impatient sentiment de félicité, et je me lance à l'abordage. Quand j'échoue, je ne me demande pas pourquoi. C'est ainsi, voilà tout. Tant pis pour moi. Quand je réussis, je ne procède pas non plus à un examen des motifs de mon succès. La chance a été de mon côté. Je ne vais pas perdre une partie du temps si délicieux et si précieux de la conquête à m'interroger sur la manière dont j'ai procédé.

L'amour naissant ou une attirance sexuelle très forte produit ce miracle que, non seulement je me pose surtout des questions d'ordre pratique – où ? quand ? –, mais que je me montre économe des questions que je lui adresse.

Il ne faut pas l'effaroucher par des questions trop nombreuses ou trop indiscrètes. Le temps où je la harcèlerai et me rendrai insupportable viendra bien trop tôt. Je canalise ma curiosité, je la module, je l'adapte à sa personnalité, telle qu'elle m'apparaît d'emblée. Je me règle sur les circonstances. Je privilégie l'humour, surtout si ses sourires ou ses rires me démontrent qu'il n'est pas inutile. Je m'applique. Dans la retenue et l'efficacité.

Je ne maîtrise ma logorrhée questionneuse que pendant les premiers jours d'une nouvelle flambée amoureuse. Pourquoi ? Par quel miracle de volonté je parviens à enrayer les débordements de ma nature ? Ces courtes périodes de séduction sont les seuls moments de ma vie où je sais me libérer de ma dépendance.

Il est paradoxal que, lorsque j'aborde une femme pour moi encore mystérieuse, je sois capable de distiller mes questions avec sagesse. Ensuite, après un ou deux jours et une ou deux nuits d'intimité, quand je puis faire un portrait impressionniste de sa personnalité et raconter l'essentiel de son histoire, je ne cesse plus alors de l'interroger, fouillant avec indélicatesse ce que je la soupçonne de taire, de maquiller ou de juger sans importance.

En effet, que de souvenirs clandestins, que de cachotteries, que de choses vécues, jamais dites, sont enfouis dans les plis de son âme, dans le flux et le reflux de son cœur, entre les lèvres de son sexe, dans les circonvolutions de son cerveau, sous les strates de sa mémoire, dans le bâti de son imagination, dans les grottes de son subconscient, sous la trompeuse douceur de sa peau. À creuser! À fouiller! À labourer! À extirper! À mettre au jour! À découvrir! À révéler! Et moi, alors, d'en jouir tandis que tous deux nous commentons le gros ou le minuscule secret qu'elle a fini par me confier.

Aux privilèges de l'amant j'ajoute le bénéfice d'être, en permanence, dans un singulier mélange des genres, son analyste, son juge d'instruction, son confesseur, son directeur de thèse, son directeur des relations humaines, son sondeur, son inspecteur des douanes (qui n'a jamais passé en fraude un mauvais sentiment?). Et, forcément, son intervieweur.

Tous ces rôles, je les ai tenus (et je les tiens encore) avec chaque femme dont j'ai eu la chance de partager la vie. Je suis le Fregoli de la question. Innombrables sont les sujets sur lesquels il y a à apprendre et les occasions qui se présentent d'engager une pénétrante conversation. Sur sa famille, sur ses amis, sur ses maris ou amants, sur sa sexualité, sur ses drames, sur ses regrets et remords, sur ses chagrins, sur ses maladies et bobos, sur ses cauchemars, sur ses fantasmes, sur ses peurs, sur ses envies, surtout inavouables, sur ses folies, sur ce qu'elle aime ou hait, espère ou redoute, sur ses idées politiques, sur ses rapports avec les religions, avec la mort, avec l'argent, avec le travail, avec son patron, avec les Noirs, avec les Arabes, avec moi, avec elle-même, avec l'ésotérisme, avec la psychothérapie, avec l'incommunicabilité...

Sans négliger les questions qui nous conduisent à la jovialité quand elle évoque ses succès, ses fiertés, ses joies, ses fous rires, ses plaisirs, ses étourderies, ses naïvetés, ses carabistouilles, ses rencontres avec la chance, sa découverte de la beauté, son bonheur d'être une femme...

Sans compter les thèmes de réflexion, et donc d'introspection, que fournissent la presse écrite, la radio, la télévision, le cinéma, le théâtre, les livres, l'art, la mode, l'air du temps...

Sans oublier les mots, oui, les mots, de simples mots, à partir desquels peut s'enclencher un dialogue instructif. Pour vingt mots que je lui lance au débotté et qui tombent à plat, faute de lui titiller l'esprit, le vingt et unième touche juste et réveille un souvenir amusant ou douloureux. Les mots sont de jolis appâts qui cachent des hameçons.

Voilà pour les interrogations – rarement des interrogatoires, la douceur est préférable, l'échange, la confiance réciproque – sur des sujets qui ont du corps. Mais si je n'obtiens pas de réponse, j'insiste. Je suis capable de reprendre la question autant de fois qu'il le faudra pour ne pas rester sur un échec. Je la reformule dans des circonstances différentes, d'une autre manière, sur un autre ton. Je la glisse comme une caresse ou je l'assène comme un uppercut. J'oublie plus facilement de souhaiter un anniversaire ou de tenir une promesse que de reposer une question.

Et puis il y a les questionnements de tous les jours, à propos de tout et de rien. Ceux qui, à la longue, les insupportent peut-être le plus. Parce qu'ils tiennent du réflexe, de l'habitude, et qu'ils sont inutiles. Par exemple :

— Ah, je vois que tu as acheté une machine à café ?

— Oui, elle est plus moderne et moins bruyante que celle qu'on avait.

— Jolie. Tu l'as achetée où ?
— Chez Darty.
— Payée cher ?
— Non, elle était en promo.
— En solde ou en promo ?
— En promo.
— Garantie ?
— Deux ans.
— Tu n'as pas pris la super-garantie ?
— Non.
— Et l'ancienne machine à café, tu en as fait quoi ?
— Je l'ai donnée à la gardienne.
— Contente ?
— Très contente.
— Qu'est-ce qu'elle va en faire ?
— Je ne sais pas, je ne le lui ai pas demandé.
— Je crois que la machine est toujours sous garantie.
— Je le lui dirai.
— Comment tu es allée chez Darty ?
— J'ai pris la voiture.
— Ça roulait ?
— Comme ci comme ça.
— Tu es passée par où ?
— J'ai pris le périf.
— Tu es sortie où ?
— Porte des Ternes.
— Tu as trouvé facilement à te garer ?
— Oui, dans le parking du magasin.
— Ces parkings sont souvent trop petits.
— Là, il y avait de la place.
— Les vendeurs étaient compétents ?

— C'était une vendeuse.
— Compétente ? Sympathique ?
— Compétente et sympathique. La quarantaine, grande, rousse, robe noire et gilet rouge, l'uniforme de la maison, un petit diamant à chaque oreille, mariée puisqu'elle portait une alliance.
— Tu as remarqué tout ça ?
— Oui, parce que je savais que tu en arriverais à me poser des questions sur elle, que je n'y échapperais pas.

La résistance à ma questionnite est très variable, de quelques semaines à quelques années. C'est quand les feux de la passion déclinent que grandit la révolte. Est-ce parce que le cœur flanche que leurs nerfs craquent ? Ou est-ce parce qu'elles en ont marre d'être interrogées qu'elles cessent de m'aimer ? Toujours est-il qu'à la fin elles me considèrent comme un bourreau. Un curieux bourreau, ô lecteurs amènes et indignés, qui les soumet en effet à la question, mais qui utilise l'outil même de l'intelligence, de la connaissance et de la culture : la question.

À quoi tu penses ?

— À quoi tu penses ?
— À rien.

Dès que ma compagne a les yeux dans le vague, je lui demande à quoi elle pense. Et, neuf fois sur dix, j'obtiens la laconique et souvent mensongère réponse du «rien».

Pourquoi me suis-je obstiné toute ma vie amoureuse à poser cette question rituelle dont je n'ai rien à attendre puisque j'en récolte précisément un «rien» ? À son regard, à son silence, à une certaine manière d'être entrée en colloque avec elle-même, il est manifeste qu'elle n'est plus avec moi, qu'elle est ailleurs. Cette coupure ou cette fuite me contrarie. Elle s'échappe. Elle m'échappe. Où ? Pour qui ? Pour quoi ? Je veux savoir. Tout en sachant que j'aboutirai à «rien». Ou que, si elle me fait une réponse différente, elle pourra me raconter n'importe quoi.

Mais c'est plus fort que moi. Je ne vais pas laisser plus longtemps son esprit errer dans le secret, dans des réflexions d'où je suis exclu, à moins que je n'en sois l'objet. Ce n'est l'affaire que de quelques dizaines de secondes. Beaucoup trop pour ma curiosité. Il faut que, le plus vite possible, je la ramène à moi, que je me la réapproprie, tout en espérant chaque fois obtenir une réponse sincère qui m'éclairera sur ses rêveries ou sur une pensée ou un jugement dont je faisais les frais.

— À quoi tu penses ?
— À rien.
— Mais si, tu pensais bien à quelque chose ?
— Non, je t'assure.
— Ton regard était fixe, lointain, tu avais l'air très concentré, comme repliée sur toi...
— Non, je te promets, je ne pensais à rien.
— À rien, vraiment ?
— Ou alors c'était si rapide, si fugace, si inintéressant, que je ne m'en souviens déjà plus.
— Donc, ce n'était pas tout à fait rien ?
— Si, tout comme !
— Et si tu faisais un effort pour te rappeler ce qu'il y avait quand même dans ce rien ?
— Non, arrête. Je te dis que c'était sans intérêt. Rien, c'est rien.
— Non, parfois, dans certaines circonstances, rien, ce n'est pas rien.
— Eh bien, dans mon cas, navrée, rien, ce n'était rien. Je ne pensais à rien. Tu veux bien qu'on parle d'autre chose ?

Le « rien » sert souvent à occulter des pensées qui, si elles étaient avouées, paraîtraient désobligeantes à l'autre. Ou bien ce sont des pensées puériles ou idiotes que l'on garde pour soi afin de ne pas se discréditer. Le « rien » est un mensonge de confort.

Cependant, j'ai connu quelques femmes qui avaient assez de vivacité d'esprit pour remplacer le «rien» par une réponse absurde sans lien avec la conversation précédente. Exemples :

— Je pensais tout à coup à la TVA sociale et je me demandais si, par les temps qui courent, elle serait bien équitable.

— Figure-toi que je pensais à Nostradamus! Est-ce qu'il avait prévu le jour de sa mort?

— Je pensais aux oiseaux migrateurs. Amusants, hein, les oiseaux migrateurs? Est-ce que j'ai envie de partir? (On notera la rouerie des deux dernières réponses dans lesquelles sont glissées des questions.)

Elles paraissaient si sincères que j'avais du mérite à ne pas les croire. Leurs réponses étaient des dérobades espiègles par lesquelles elles me signifiaient que, au vrai, elles ne pensaient pas à rien, mais qu'elles ne me feraient pas l'aveu de leurs silencieuses réflexions.

Il y eut aussi quelques femmes qui me dirent la vérité. Par un mot, par un geste que j'avais eu ou que je n'avais pas eu, par une attitude à leur égard qu'elles avaient jugée désinvolte, je les avais déçues. Ou bien elles s'ennuyaient et leur esprit s'en était allé. Ou encore elles avaient un souci dont elles avaient voulu me tenir écarté. Alors, elles lâchaient la vérité, et celle-ci, souvent, me faisait mal.

Oh, comme elle est dangereuse, cette banale question : à quoi tu penses? C'est une mine antipersonnel dissimulée sous la mousse de la conversation.

Je m'attirai, un jour, cette réponse :

— Je pensais à mon ex. Il était insupportable. Il me demandait tout le temps : à quoi tu penses?

Alors ?

Dans un couple harmonieux s'établit un échange naturel de questions et de réponses. Que l'un se montre un peu plus curieux des actes, des idées et des sentiments de l'autre ne déstabilise pas plus leur vie commune que si l'un se révèle un peu plus gourmand ou un peu plus impatient. Il ne peut y avoir égalité en toutes choses. Leur union repose sur un équilibre de leurs petites inégalités.

Avec mes crises de questionnite j'introduis dans mon couple une forte instabilité. Il faudrait qu'elle me pose autant de questions ou presque que je l'en accable. Je ne le supporterais pas. Il est patent que l'arroseur n'aime pas être arrosé. Mais je n'ai jamais eu affaire à une femme de mon acabit. Deux ou trois essayèrent bien de m'imiter, de me faire subir ce qu'elles enduraient, mais, à court de questions, elles renoncèrent vite. Elles n'avaient pas le don. J'ai gardé un souvenir amusé de ces quelques quarts d'heure où elle et moi nous nous envoyions à la figure, non pas des injures comme tant de couples qui se déchirent, mais des salves de questions qui se heurtaient dans un comique embrouillamini.

Avec Marie-Dominique je suis tombé sur mon contraire : elle ne me posait aucune question. Elle se contentait de me dire : « Alors ? » Je revenais d'un voyage. « Alors ? » J'avais été souffrant pendant quelques jours. « Alors ? » J'étais allé interviewer François Mitterrand à Latche. « Alors ? » J'avais suivi une étape du tour de France dans la voiture du directeur de la course. « Alors ? » L'expression de sa curiosité se limitait à cet « alors ? » Quoi que je réponde, elle ne me relançait par aucune question. Elle m'écoutait avec attention, mais n'éprouvait pas l'envie d'en savoir plus quand j'avais raconté l'essentiel. Or, j'avais des détails curieux ou amusants à ajouter, et j'étais frustré de ne pas avoir l'occasion de les lui narrer par une réactivation de son intérêt pour mon histoire. Je continuais donc comme si elle m'y avait invité. Ou je faisais moi-même les questions que Marie-Dominique aurait dû me poser.

— Tu te demandes probablement si Mitterrand m'a invité à déjeuner ?

— Oui, oui, j'y pensais.

...

— Peut-être, veux-tu savoir ce que nous avons mangé ?

— Oui, ça m'intéresse.

...

— (Ironique) Et je suis sûr que tu te dis : après le déjeuner est-ce que Mitterrand a emmené Adam faire une promenade ?

— Non, ça ne m'est pas venu à l'idée.

...

— Je le vois bien, tu brûles de savoir quelle impression j'ai gardée de cette visite à François Mitterrand, à Latche ?
— Alors ?
Agacé, déstabilisé, presque humilié par son manque de curiosité, j'ai demandé plusieurs fois à Marie-Dominique pourquoi elle ne me posait jamais de questions. Chaque fois elle me répondait qu'elle respectait ma liberté de dire ou ne pas dire, qu'elle se satisfaisait de ce que je jugeais bon de lui raconter, qu'insister comme je le faisais avec elle n'était pas dans son tempérament. Elle était d'autant plus encouragée à se montrer discrète envers moi qu'elle s'estimait parfois victime de mon indiscrétion. Elle n'était pas adepte d'un bêta langue pour langue, qui eût été sa version d'œil pour œil, dent pour dent.

Était-ce par jeu, par tactique ou par provocation qu'elle se retenait de me poser des questions qui l'auraient chatouillée ? Une grande force de caractère la contraignait-elle au silence ? Je ne crois pas. Elle ne pensait tout simplement pas à m'interroger. Elle n'en éprouvait pas la nécessité. Ça ne lui venait pas à l'esprit. Ça ne lui manquait pas. Égocentrique, elle vivait surtout avec elle-même, ne posant pas aux autres des questions dont elle gardait pour elle le monopole. Elle m'aimait bien, comme une statue familière. Pose-t-on des questions aux statues ?

À la longue, son absence d'intérêt pour moi me devint insupportable. Difficile d'avoir des relations suivies avec une personne certes aimée et désirée, mais qui, par son incuriosité à mon égard, campait dans une attitude à l'opposé de la mienne.

Alors ?

Alors, je la quittai pour une femme qui ne me supporta pas plus de trois mois. Le hasard d'une soirée fit que je renouai aussitôt avec Marie-Dominique. Après le feu des retrouvailles, je lui demandai si, entre-temps, un homme s'était glissé dans sa vie. Non. Une opportunité s'était-elle présentée qu'elle avait écartée ? Non. S'était-elle mise à douter de son pouvoir de séduction ? Non. Avait-elle commencé à souffrir de la solitude ? Non. M'avait-elle regretté ? Oui et non.

Bien entendu, elle ne me posa aucune question sur la femme qui l'avait temporairement remplacée. Pas même une allusion. Rien, comme si elle n'avait pas existé.

On imagine en sens inverse la frénésie du questionnement auquel elle eût été soumise ! Son manque de curiosité ou de jalousie était très vexant. Ce n'est pas que je désirais lui confier le récit de ma courte aventure dans tous ses détails, mais ne pas l'évoquer, même brièvement, ne me paraissait ni normal ni sain. Son indifférence confinait au mépris.

Je n'y tins plus et lui fis part de mon étonnement et de ma frustration devant son silence. Elle me répondit qu'elle n'éprouvait aucune jalousie à retardement, qu'elle se fichait complètement de cette femme et que mes amours avec elle ne la regardaient pas. C'était déjà de l'histoire ancienne. Elle n'y avait pas sa place. Pourquoi s'y intéresserait-elle ?

C'était en partie vrai. Mais elle ne disait pas l'essentiel. Son orgueil lui interdisait d'endosser le comportement d'une femme ordinaire. Me poser des questions sur cet intérim, c'était s'abaisser. Manifester de la curiosité ou de la jalousie envers cette femme, c'était s'humilier. En certaines circonstances le questionnement exige du courage et même de l'humilité. Il en faut aussi pour s'excuser d'un retard ou d'une erreur, pour manifester de la reconnaissance, pour admettre que l'on n'a pas la compétence souhaitée. Marie-Dominique était de ces personnes qu'une haute opinion d'elles-mêmes réduisait au silence. Elle était d'autant moins incitée à m'interroger sur sa prédécesseure que cet exercice lui serait pénible et qu'il me serait agréable. Son intérêt était de rester coite.

De nouveau, son incuriosité me parut monstrueuse. Marie-Dominique était décidément invivable.

That is the question

Marie-Dominique, avec qui je n'ai pas vécu, disait au moins « alors ? », tandis que Raphaëlle, dont je fus le compagnon quotidien jusqu'à ce que je hisse le drapeau blanc, ne me demandait rien. Non, rien, vraiment rien. Hormis « bien dormi ? », ou « quelle heure est-il ? »

Attachée de presse dans une maison d'édition, elle était, comment dire ? enceinte de sa profession. Elle en parlait tout le temps. Exaltée, intarissable, infatigable. Sitôt rentrée, elle n'attendait même pas, comme au début de nos relations, que je lui demande comment s'était passée sa journée. Jubilante ou indignée, sûre d'elle ou inquiète, elle en commençait le récit sans attendre. Quel manque de tact de ne pas me laisser lui poser la question introductive ! Tandis que nous préparions le dîner ensemble, elle monopolisait la parole, ne m'abandonnant que quelques interventions parce que je ne connaissais pas l'écrivain dont, non sans talent, elle détaillait les caprices, les exigences ou les ridicules, ou le sujet du livre d'un autre auteur qu'elle propulserait sur la liste des best-sellers grâce à son plan de promotion qu'elle jugeait très futé et dont elle ne me faisait grâce d'aucun détail.

Pendant les semaines où nous avions lié connaissance et amour, nos questions réciproques sur nos activités professionnelles s'étaient équilibrées. Mais dès qu'elle se fut installée chez moi, je découvris une autre femme, qui n'existait qu'à travers son travail et qui éprouvait une sorte de nécessité biologique à en évoquer le plus grand nombre possible de péripéties. Elle y revenait sans cesse et, bientôt, sans qu'aucune de mes questions ne l'y invitât. Notre conversation, ou plutôt son soliloque, ressemblait à ces films de télévision sur des célébrités dont le réalisateur n'a conservé que les réponses, les questions ayant été supprimées au montage. Je me découvrais inutile et stupide.

Car, en être réduit par son impitoyable bavardage à ne plus pouvoir poser de questions à la femme avec laquelle je petit-déjeunais et dînais tous les jours, plus les repas du week-end, était une épreuve au-dessus de mes forces. Ma vanité d'intervieweur en prenait un coup.

J'étais d'autant plus déboussolé et amer qu'elle ne me posait plus aucune question sur mes activités professionnelles. Cela n'avait plus l'air de l'intéresser. D'ailleurs, elle ne m'interrogeait plus du tout sur quoi que ce fût. Je faisais l'expérience que, tout en détestant être bombardé de questions, je n'aimais pas non plus qu'on ne m'en pose aucune. Quelques questions suffisent pour vous faire exister. Je n'existais plus.

Même dans les repas entre amis, Raphaëlle avait fait de moi un autre homme. Passe encore qu'elle raconte des histoires d'édition que j'avais déjà entendues dans nos tête-à-tête, mais je me comportais désormais en société comme je me comportais avec elle : découragé, je ne posais plus de questions. Des copains habitués à être interrogés s'étonnèrent de mon silence. Je m'efforçai de me reprendre, mais c'était en vain parce que l'autorité loquace de Raphaëlle agissait sur moi comme un stérilisant. J'étais muet de consternation et de tristesse. Cela ne pouvait durer longtemps. Un jour, je lui demandai quand elle comptait faire ses valises.

— Mais je ne pars pas, répondit-elle. Je n'ai aucun voyage en vue.

— Mais si, chérie, tu vas partir. Et pour toujours.

De stupeur elle resta silencieuse pendant quelques secondes. Puis elle se reprit. Elle me dit qu'elle avait en promotion un roman dans lequel on pouvait lire le récit d'une scène identique, sauf que c'était la femme qui, de son couteau pointu et effilé de charcutière, montrait la porte du magasin à son mari, ex-champion cycliste, sans emploi.

De cette éprouvante liaison ainsi que de celle avec Marie-Dominique, je tirai quelques conclusions pour ma gouverne. D'abord, mais je le savais avant, poser des questions à la femme qui partage ma vie, et lui en poser beaucoup, est pour moi vital. Sinon, je m'étiole comme un arbre contraint de ne pouvoir étendre ses ramures. Ensuite, il est nécessaire pour une bonne santé de mon moi que je sois interrogé par ma compagne sur ce que je fais et pense. Pas trop, ah! non, pas avec ma boulimie d'intervieweur compulsif, sans verser dans mes excès. Mais suffisamment pour que je retire l'impression de n'être pas transparent à ses yeux, ou opaque, et que je continue d'être pour elle un sujet de curiosité.

Où se situe la frontière entre trop de questions et pas assez ? *That is the question.* Ça dépend des femmes. Ça dépend de la fréquence et de l'opportunité de leurs questions. Ça dépend aussi de mon humeur. J'en conviens, j'étais et je suis toujours un fieffé casse-pieds.

Tu m'aimes ?

Question de toutes les questions. La seule qui vaille. À moins que ce ne soit, question-scie, la plus cauteleuse et la plus vaine :
— Tu m'aimes ?
Variantes :
— Est-ce que tu m'aimes ?
— Dirais-tu que tu m'aimes ?
— Ça fait combien de temps que tu ne m'as pas dit que tu m'aimes ?
— C'est bien vrai que tu m'aimes ?
— J'aimerais t'entendre dire que tu m'aimes.
— *Do you love me ?*
Rien ne vaut cependant la brièveté de « tu m'aimes ? » Qui ne laisse pas à l'autre le temps de réfléchir. Juste deux syllabes. À la vitesse de la première balle de service. Retour gagnant espéré.
Comme la plupart des hommes je pose la question dans les moments d'union fusionnelle, de symbiose ressentie comme parfaite. La réponse ne fait alors aucun doute. Il est plus risqué et plus amusant de la poser quand l'amante ne s'y attend pas. Nous

faisons des courses au supermarché, elle s'empare d'une boîte de fettucines à la sauce tomate et, tandis qu'elle la range dans le chariot, je l'interpelle : « Tu m'aimes ? » Même question glissée à son oreille alors que, debout, secoués par le métro, la valise d'un passager dans nos pattes, un sac à dos lui rentrant dans le sien, nous partageons le même inconfort : « Tu m'aimes ? » Ou encore, migraineuse, s'apprêtant à avaler deux comprimés de « Doliprane 1 000 mg », un verre d'eau dans l'autre main, elle s'entend demander : « Tu m'aimes ? » D'abord étonnées, puis amusées, elles répondent souvent, comme dans les films français de la Nouvelle Vague, avec désinvolture.

Le philosophe Jean-Luc Marion – avec qui j'ai fait un « Aparté » il y a quelques semaines – disait que « la déclaration d'amour ne se conçoit que comme un CDI, jamais comme un CDD ». Les amoureux, en effet, partent avec la conviction, qui émane du cœur et non de la raison, que leur temps est illimité. Cependant, même au plus fort de la passion, ils sont effleurés par le doute. Et si leur engagement n'était qu'un CDD ? Ils se rassurent en se posant mutuellement la question de confiance. Dans ma bouche, elle devient assez rapidement : « Tu m'aimes toujours ? » Ou, plus précise, plus juste : « Tu m'aimes encore ? »

Je n'ai jamais apprécié qu'elle réponde : « Et toi ? » Balle de retour dans le filet. Ou hors des limites. « Comment as-tu trouvé le film ? – Et toi ? » « Tu aimes le coq au vin jaune ? – Et toi ? » « Où veux-tu aller en vacances ? – Et toi ? » « Tu m'aimes encore ? – Et toi ? » Cette façon bébête de se défiler est agaçante, et, pour moi qui déteste que l'on me retourne mes questions, exaspérante.

J'ai connu une femme qui, au « tu m'aimes encore ? », ne répondait jamais par un mot. Elle optait pour un baiser sur la bouche. Plus ou moins long et profond. Le regard plus ou moins chatoyant. En prenant ou non ma tête dans ses mains. À moi de décrypter sa réponse, d'évaluer la force de son sentiment à travers l'exécution de son baiser. Un soir, elle m'embrassa sur la joue. C'était fini.

« Tu m'aimes ? » est un mot de passe. Jeune spectateur des films de cape et d'épée et des films de guerre, je tremblais lorsque le héros devait prononcer le mot de passe qu'une sentinelle lui demandait et qu'il ignorait. Chez les scouts, dans les batailles de foulards, camp contre camp, je ne laissais à personne le soin d'inventer le nouveau mot de passe. Dans l'amour, c'est toujours le même. Pas de suspense. Nous sommes dans le conventionnel. Le code est le même pour tous les couples. Moi qui fais profession de me détourner des questions convenues, j'ai près de quarante années de pratique intensive de « tu m'aimes ? » Pas de quoi faire le glorieux. Mais comment dire autrement ? Et comment me retenir de tomber dans le lieu commun ? Sauf que ces trois mots ne forment pas vraiment une question. « Tu m'aimes ? » est une déclaration d'amour.

Seigneur, Cléopâtre s'est-elle suicidée d'une morsure d'aspic – mort originale et spectaculaire représentée par de nombreux peintres – ou en absorbant la poudre ou le liquide que contenaient les épingles creuses de sa chevelure ?

Seigneur, les relations si amicales, si tendres, entre les jeunes Jean Cocteau et François Mauriac sont-elle restées platoniques ?

Seigneur, qui, le 20 septembre 1979, place de l'Abbé-Georges-Henocque, dans le treizième arrondissement de Paris, a assassiné Pierre Goldman, écrivain militant révolutionnaire, qui fit de la prison pour trois braquages ?

Seigneur, où sont cachés les célébrissimes tableaux Le Concert, *de Vermeer,* Le Christ dans la tempête sur le lac de Génésareth, *de Rembrandt, volés après avoir été découpés au cutter dans le musée Gardner, à Boston, le 18 mars 1990 ?*

Une autocritique ?

Personne n'a jamais pensé à me poser cette question, qui me viendrait nécessairement à l'esprit si j'étais mon propre intervieweur : toi qui passes ton existence à poser des questions, t'en poses-tu à toi-même ? Oh, oui ! Ô combien ! Mais j'abomine cet exercice masochiste.

Comment échapper à son propre interrogatoire ? J'y parviens assez souvent. Surtout ne pas rêvasser. Ne pas laisser l'esprit divaguer avec son ombre ou son double. Ne pas céder à la narcissique mélancolie. Sauf cas grave, éviter les examens de conscience, les ruminations ontologiques, les recueillements, les huis clos du carafon. Dès que dans la solitude l'autoquestionnement menace, se saisir d'un journal ou d'un livre, ouvrir l'ordinateur, la radio ou la télévision, téléphoner, chanter, bricoler, faire des pompes. Ne pas se trouver disponible pour un tête-à-tête avec soi.

Si toutefois le courage prend le dessus sur ma lâcheté, la concentration sur la fuite, ou quand je ne peux faire autrement que retourner la question contre moi comme un assassin retourne l'arme du crime contre lui, ça se passe bizarrement, toujours de la même façon.

D'abord, je me pose des questions bateau. «Comment vas-tu?... Es-tu heureux?... Comment marche ton boulot?... Es-tu content des derniers audimats?... Et si tu te mettais au régime?... Côté cœur, ça va comment?...» Je réagis aussitôt avec colère. «Arrête tes questions sans intérêt. Tu oserais les poser à tes interviewés? Non, évidemment. Alors, pourquoi à moi? Parce que tu me prends pour un con! Tu m'interroges comme si tu n'attendais de moi que des réponses conventionnelles, rebattues, usées. De vraies réponses à de vraies questions te font peur. C'est pourquoi tu feins de m'interroger. Tu es dans l'esquive et l'hypocrisie. Comment pourrais-je être dans la sincérité?»

Ainsi se noue l'affrontement entre les deux hémisphères de mon cerveau. Tandis qu'ici on attend des sujets de réflexion, là on louvoie ou on lance des leurres. Comique et navrant. Jusqu'au moment où, soit je renvoie les deux adversaires au silence, assurant ainsi la victoire de la prudence – bravo, tu te dégonfles! –, soit je me pose enfin les questions auxquelles je voulais échapper. En voici quelques exemples.

«Ta réussite professionnelle n'est-elle pas le cache-misère de ta vie privée?

N'as-tu pas conduit ta carrière en lui sacrifiant ces choses élevées que sont la poésie, l'aventure, la désobéissance?

Je t'ai entendu dire plusieurs fois, ce que je trouve stupide: à chacun selon ses mérites. Cela signifie-t-il que tu considères que les tiens légitiment ta carrière et ta notoriété?

Devant montrer de l'empathie à la plupart des personnes que tu interviewes – afin de t'assurer de leur confiance –, n'as-tu pas renoncé à avoir des convictions pour adopter peu à peu une commode neutralité ?

Pourquoi te montres-tu impatient, parfois un peu sec, avec des personnes modestes et inconnues quand elles t'abordent et que tu pressens que leur conversation ne t'apportera rien ? N'en es-tu pas venu à pratiquer une manière de rentabilité de la parole ?

Pourquoi continuer à prendre des résolutions le dernier jour des vacances et le dernier jour de l'année alors que, une semaine plus tard, tu auras déjà renoué avec des habitudes préjudiciables à ta santé, à ta vie sociale, à ta vie intime ?

Ne pas s'aimer, c'est refuser le bonheur ; trop s'aimer, c'est refuser les autres. Ne bascules-tu pas sans cesse de cette position-ci à celle-là sans jamais t'en tenir à un amour de toi qui serait médian et juste ?

Pourquoi as-tu été ta vie durant attiré par des femmes à la périphérie de la société, de la morale, de l'imaginaire, et n'as-tu aimé que des femmes situées au centre de la cible ?

Pourquoi juges-tu l'amour que tu donnes toujours plus fort que celui que tu reçois ? De même pour l'amitié. Un complexe sentimental qui se cache derrière un complexe de supériorité ?

Comment expliques-tu qu'un roman, un film, un opéra, une musique te touchent si profondément que tu ne peux retenir tes larmes, alors que les récits des malheurs des vraies personnes, que tu connais ou non, te laissent les yeux secs ?

Comment justifies-tu ta compréhension à l'égard de ceux qui lâchent, qui rompent, qui cassent, qui se renient, et ton ironie ou ta condescendance pour ceux qui doutent, qui patinent, qui râlent, qui s'accrochent et qui durent ?

Est-ce par snobisme ou par une légère honte de l'avoir obtenue – franchement, tu la méritais ? – que tu ne portes pas ta légion d'honneur ?

N'attends-tu pas, tout en en redoutant la survenue, une réponse si intelligente ou si insolente, tellement extraordinaire, qu'elle te clouerait le bec à tout jamais ? »

Vous savez bien, ô lecteurs amènes et expérimentés, que ces questions personnelles ne déboulent pas toutes ensemble dans une tête en méditation. Elles vont et viennent, disparaissent et resurgissent. Chacune correspond à un moment de la vie. Plus on vieillit, plus notre inventaire en produit. Plus les années passent, plus ces questions se révèlent embarrassantes, et plus il est difficile d'y répondre. La sincérité fait mal. L'autocritique sape le moral. Trop tard pour rectifier la position. C'est pourquoi beaucoup de personnes âgées sont amères. Et insupportables. Ce ne sont pas les autres qu'elles ne supportent pas, ce sont elles-mêmes.

Je n'en suis pas là. Enfin, pas encore. Quand devient-on vieux ? Quand on n'a que des réponses et plus de questions. Certains posent encore des questions pendant leurs derniers jours. Ils meurent jeunes. Peut-être que je ne serai jamais vieux ? C'est plus un souhait qu'une question.

Conversation dans un train

Dans le métro, l'autobus ou le taxi, les conversations avec des inconnus sont rarement intéressantes parce que trop courtes. Dans le train ou l'avion je dispose de plus de temps pour nouer quelque chose qui ressemble à ce que l'on appelait autrefois un commerce. Si celui-ci se révèle décevant, j'arrête vite. Mais quand il y a du grain à moudre et que la personne qui voyage à côté de moi prend du plaisir à se raconter, j'enchaîne les questions.

Ainsi, lors d'un voyage en train de Paris à Bordeaux, je crois avoir convaincu un homme d'une trentaine d'années de renoncer, pour le moins de surseoir, à sa décision de rompre avec une femme qui l'avait trompé et qu'il aimait encore. Pendant un vol de Paris à Varsovie, une Polonaise m'a fait tellement rire avec ses souvenirs d'ancienne petite apparatchik du régime communiste que je lui ai conseillé de les écrire. Deux ans et demi après, j'ai reçu la traduction française du livre et l'ai invitée dans mon émission de radio.

Je me souviens aussi d'une grand-mère triste et émouvante parce que ses enfants et petits-enfants habitaient qui la Chine, qui l'Afrique du Sud. À l'arrivée de l'avion

Nice-Paris, elle m'a embrassé, me remerciant de lui avoir permis de s'épancher dans une oreille attentive et de reprendre confiance en elle.

Toutes ces conversations impromptues ne sont pas aussi mémorables. La plupart restent à la marge. Ce sont des portes entrebâillées, des paroles en un acte, des bouts de vie chipés le temps d'un voyage, des rencontres de hasard sans préparation et sans conséquences. J'en apprécie la spontanéité et le déroulement informel, même si j'appuie là où il arrive que le poids de mes questions rencontre du dur ou du glissant. Je me dis que, si j'avais le talent d'un romancier, je puiserais dans ces dialogues d'aubaine.

La télévision a changé la donne. C'est à leur initiative que maintenant mes voisins de train ou d'avion engagent la conversation. Ils se fichent bien de mes questions ; ils veulent que je réponde aux leurs. La lecture d'un livre me tire d'affaire.

Dans ces rencontres inopinées ma notoriété n'est cependant pas toujours un handicap. Ainsi ce voyage en TGV de Paris à Aix-en-Provence. Dans les quatre places du milieu du wagon, qui se font face deux par deux, s'étaient assis un couple, leur petite-fille d'une douzaine d'années, et moi. L'homme était d'un fort tonnage, poussant un ventre de mondialiste repu. Avec sa femme brève et mince, le contraste était singulier, plutôt amusant si on l'imaginait – comment s'empêcher de s'en donner à soi-même une représentation ? – l'écrasant de son poids au mitan du lit conjugal. Je chassai de ma tête cette image bouffonne et lubrique pour répondre à leurs questions sur les batailles des ego à la tête des chaînes de télévision. Au lieu de couper court, je m'installai dans la conversation, pressentant que je n'allais pas y perdre mon temps. Après avoir satisfait leur curiosité, je poussai la mienne. Bien qu'ayant l'âge de la retraite, lui dirigeait à Paris un important cabinet d'expertise financière. Elle aussi avait brassé de l'argent mais pour la bonne cause, ayant été pendant longtemps comptable d'une célèbre ONG. Ils aimaient la lecture et le théâtre, ce qui nous fournit de nombreux sujets de bavardage. Je me demandais si lui n'éprouvait pas des difficultés à asseoir sa masse dans des fauteuils souvent très étroits. Comme s'il avait deviné mes pensées, il me dit qu'à cause de sa corpulence certains vieux théâtres de Paris lui étaient interdits. Dans d'autres, on lui réservait certaine place où il pouvait s'étaler. Tout cela confié avec alacrité. C'était un gros jovial. Sa femme, vive, avenante, aussi sympathique que lui, regardait avec attendrissement leur petite-fille s'escrimer sur sa console de jeux. Comprenant que je m'étonnais que son mari fût depuis longtemps obèse et n'entreprît probablement rien pour ne plus l'être, elle intervint pour le disculper de tout laisser-aller.

— Vous savez, les régimes, il connaît ! Il se prive de tout ce qu'il aime parce que tout ce qu'il aime le fait grossir. Le malheur, c'est que, s'il ne grossit plus en mangeant peu, il ne maigrit pas.

— Comment expliquez-vous ça ? demandai-je au mari, apparemment pas du tout ennuyé que la conversation portât sur ses rotondités.

— Mon médecin nutritionniste m'a expliqué que je suis un cas très rare : tout ce qui rentre en moi fait ventre, même les aliments très peu caloriques. Pour maigrir il faudrait que je ne mange rien, absolument rien. C'est évidemment impossible. Depuis plus de trois ans j'ai supprimé l'alcool, le pain, les féculents, les matières grasses, les sauces, les fromages, les desserts, et j'en oublie... Voyez le résultat!

— Mon mari est un martyr, reprit sa femme.

— *Le Martyre de l'obèse*, dis-je bêtement.

— Vous pensez bien que le roman de Béraud, nous l'avons lu! Mon mari est un martyr que les privations n'ont pas rendu triste ou amer. Je lui sais infiniment gré d'avoir gardé sa belle humeur.

— Merci, ma chérie.

— Imaginez le supplice que je lui inflige chaque soir, au dîner. Tandis que je mange normalement devant lui – et parfois le plat est très odorant –, il doit se contenter d'une petite salade à l'huile de soja et d'un yaourt maigre.

Il fit un mouvement de tête qui voulait dire: eh bien, oui, c'est comme ça, je suis résigné...

— Et au déjeuner? demandai-je.

— J'ai chaque jour un déjeuner d'affaires ou de travail, mais toujours avec un menu diététique: poisson grillé, viande à la plancha, légumes cuits à l'eau...

— Et avec tout ça vous ne maigrissez pas?

— Hé! non, mais je ne grossis plus, ce qui, croyez-moi, est déjà une victoire.

Il était midi et demi.

— Je suppose, dit la femme en s'adressant à son mari, que tu ne nous accompagnes pas au bar?

— Non, tout ce qu'on y sert est mauvais. Je préfère sauter le déjeuner pour dîner un peu plus copieusement ce soir. Enfin, copieusement, c'est une façon de parler...

— Vous venez avec nous ? me demanda-t-elle en prenant sa petite-fille par la main.

— Non, merci, je n'ai pas faim. Je vais tenir compagnie à votre mari.

J'avais de la sympathie pour cet homme affligé d'une nature injuste. Comment s'accommodait-il de son corps et de la discipline alimentaire à laquelle il devait se plier ? Comment être un très gros et manger comme un très maigre ? Ne connaissait-il pas des moments de désespoir ? Tout en jetant par la fenêtre des regards sur les bois et les prés qui se succédaient à vive allure il me répondait avec la bonne humeur que son épouse avait louée.

— J'ai l'impression, dit-il, d'être l'invité de votre émission «Aparté». Ne manquent que les caméras. Il y a le bruit du train aussi. Mais vous enchaînez les questions comme si nous étions à la télévision.

C'était vrai. Face à lui je me retrouvais dans cet état d'indiscrétion insistante qui me fait palpiter le cœur et briller les yeux devant les caméras. Nous enroulions questions et réponses dans une confiance tranquille, qui allait de soi, comme si une vieille complicité s'était rétablie à la faveur de ce voyage. Je ressentis soudain l'impression assez rare, mais toujours mémorable, que je m'approchais d'un secret, et que, sans faute de ma part, avec à la fois patience et détermination, en ne relâchant pas l'empathie réelle que mon interlocuteur lisait sur mon visage, je parviendrais à lui faire dire ce qu'il n'avait nullement l'intention de lâcher il y avait encore cinq minutes. Cela se voyait à son sourire, où se lisait autant de malice que de satisfaction à l'idée du bon tour qu'il allait se jouer à lui-même. Il y avait dans l'air, entre nous deux, une émotion toute de légèreté et de sincérité. Je bichais intérieurement. Enfin, le moment de la confidence était arrivé.

— Monsieur Hitch, me dit-il, je suis flatté que vous me manifestiez de l'intérêt comme si j'étais une personnalité aussi connue que celles que vous recevez dans votre émission. Je vais récompenser votre gentillesse. Et votre flair. Si, si, votre flair. Ce que je vais vous dire est un secret. L'aveu d'un mensonge matrimonial. Si ma femme apprenait la vérité, c'en serait fini de mon couple. Et j'aime ma femme.

— Monsieur, vous pouvez compter sur ma discrétion, je vous donne ma parole.

— Merci. (Un silence de quelques secondes, comme s'il reprenait son souffle.) Je ne suis pas un cas médical. Je suis gros parce que je mange. Trop. Enfin, pas ce que je devrais manger. Comprenez-moi : l'argent, j'en ai beaucoup ; le sexe, c'est fini depuis longtemps. Alors que me reste-t-il comme plaisir ? La table. Mais ma femme menace de me quitter si je ne fais pas des efforts pour maigrir. J'en fais. À ses yeux, du moins. Les déjeuners diététiques avec mes clients ou mes collaborateurs, c'est vrai. Nos dîners en tête à tête pendant lesquels je mange une petite salade et un yaourt, c'est vrai. Elle-même vous les a racontés. Mais ce qu'elle ne sait pas c'est que je quitte mon bureau vers dix-neuf heures. Un quart d'heure après, je suis discrètement attablé dans un petit salon du Père Claude, vous savez, l'un des restaurants préférés de Chirac. Et là je mange à ma faim. Sans contrainte. À moi les plats canailles de la cuisine française : bœuf en daube, haricot de mouton, gigot de sept heures, andouillette au vin blanc, potée auvergnate, choucroute alsacienne, entrecôte-frites, j'en passe et des meilleurs. Bordeaux ou bourgogne, je ne suis pas sectaire. Fromage ou dessert, *ou*, oui, quand même ! Le plus souvent fromage. À huit heures j'ai fini. À huit heures et quart je suis chez moi. Comblé et jovial. J'ai encore un peu de place pour la petite salade et le yaourt maigre qui me valent l'admiration de ma femme.

— Vous la trompez avec une table ? dis-je en riant.
— On peut dire ça comme ça.
— C'est original !
— C'est surtout triste. Je me passerais bien de ce subterfuge. Mais comment faire autrement ? Je ne veux renoncer ni à ma femme ni à la table.
— Comment faites-vous pendant le week-end ?
— Le week-end, c'est l'enfer. Pas de Père Claude possible. Alors, je suis réellement au régime. Ce qui me permet sur la semaine d'équilibrer mon alimentation et de ne plus grossir.

Il me fit un clin d'œil. Sa femme et leur petite-fille revenaient du bar. Elles posèrent devant nous deux bouteilles d'eau et quelques tristes bretzels.

Marie-Lou tombe de haut

À peine eus-je ouvert ma porte que Marie-Lou se jeta dans mes bras en pleurant. Je me doutais bien, ayant reçu un coup de fil une demi-heure auparavant, qu'un motif grave expliquait sa visite soudaine. Ma sœur s'épanchait alors si peu qu'on pouvait la croire sans humeur. Paradoxe pour une esthéticienne, la sérénité était le maquillage naturel de son séduisant visage. Elle aimait son mari, leurs deux enfants, un fils et une fille, et son métier. Si l'on m'avait demandé quelle personne à mes yeux était la plus proche du bonheur, ou la plus représentative de cet état de félicité tranquille à laquelle aspire la majorité des gens, j'aurais désigné Marie-Lou.

Ses larmes coulaient et l'image lisse s'était gondolée. Elle avait trente-sept ans. C'était la première fois que je la voyais souffrir, notre mère étant alors encore en vie. Je m'attendais au pire. Pour elle ça l'était : son mari la trompait. Je ne lui ai pas dit qu'un cancer qui aurait frappé l'un de ses enfants, leur père ou elle-même, eût été autrement plus dramatique. En étais-je si sûr ? À lutter contre une trahison on ne perd pas ses cheveux, mais ses illusions. Elles ne repoussent pas.

Vérifiant qu'un costume de Philippe destiné à aller au pressing avait les poches vides, Marie-Lou y découvrit la facture d'une nuit et de deux petits déjeuners dans un hôtel de Paris. Son mari était censé être ce jour-là à Narbonne pour une visite à l'ancien archevêché. Inspecteur des monuments historiques, Philippe faisait de nombreux déplacements pour juger de la pertinence, du déroulement et du résultat de travaux effectués pour la conservation des biens de l'État. C'était un couple professionnellement bien assorti, lui préservant de la corrosion du temps des pierres, des boiseries et des peintures, elle, des visages.

Le sien, maintenant asséché par les tapotements de mouchoirs en papier, alternait des airs de désenchantement et de colère. Je lui ai proposé un jus de fruit. Elle a préféré un whisky, choix inhabituel.

— Il a reconnu qu'il... ?

— J'avais la preuve en main ! dit-elle, ne me laissant pas aller au bout de ma question. Pris par surprise, il n'a pas eu le temps d'inventer une histoire. Il a avoué après quelques balbutiements.

— Ce n'était peut-être qu'une défaillance passagère, suggérai-je sans y croire, un coup de folie, une opportunité sans lendemain. Je ne crois pas que Philippe...

— Tu es aussi naïf que moi. Philippe est un mari volage. La femme avec qui il est allé passer la nuit à l'hôtel, à Paris, est sa maîtresse actuelle. Il en a eu plein d'autres ! Nous sommes mariés depuis quinze ans, et depuis quatorze ans il me trompe...

— C'est lui qui te l'a dit ?

— Qui d'autre aurait pu me le dire ? Au bout d'une heure, il m'a tout balancé. Qu'il profitait de ses déplacements en province soit pour emmener avec lui ses maîtresses, soit pour faire des conquêtes sur place, soit encore pour rester à Paris à mon insu.

— Et ça durait depuis quatorze ans ?

— Oui, c'est incroyable !

— Tu ne t'es jamais doutée de rien ?

La première gorgée de whisky arracha une grimace à Marie-Lou.

— Non, jamais. Ma confiance en Philippe était totale.

— Aveugle.

— Sourde et aveugle.

— Mais tu ne lui posais pas de questions ?

— Non, sinon des questions banales. Je lui demandais à son retour comment ça s'était passé. Il me répondait ce qu'il voulait bien me répondre.

— Mais quand il était en déplacement, tu ne l'appelais pas à son hôtel, sous le prétexte de prendre de ses nouvelles, pour contrôler sa présence ?

— Non, il était entendu que c'était lui qui m'appelait. Je ne lui demandais même pas le nom de son hôtel. Je n'ai jamais été comme toi un poseur de questions.

— Eh bien, tu vois où ça mène ? Pourtant, quand tu étais adolescente, tu en posais de très jolies. Je me souviens, tu avais demandé à papa si les poissons ont soif. Une autre fois, tu avais demandé à Grand-Mère si tout était en noir et blanc quand elle était petite (question que reprendra David Foenkinos dans l'un de ses romans, une trentaine d'années plus tard). C'étaient des questions originales, inventives, alors que celles que tu aurais dû poser à Philippe étaient toutes simples.

Marie-Lou extirpa de son sac un paquet de cigarettes. Elle ne fumait plus depuis qu'elle avait été enceinte de son premier enfant, il y a treize ans. La fumée picotait ses yeux fragilisés par les larmes. Elle m'a expliqué que sa curiosité s'était émoussée dans le bien-être. L'amour, la maternité, le confort, les plaisirs, un bonheur paisible et sûr de lui avaient endormi sa vigilance. Elle ne posait pas de questions parce qu'elle vivait dans la certitude. Philippe était un bon époux, un père attentif, un homme estimé et adoré de leurs amis. Pourquoi aurait-elle douté de sa fidélité ? Comment aurait-elle pu deviner qu'il était différent de ce qu'il lui donnait à voir ? Que son image débordait du cadre ? Que ce fonctionnaire irréprochable, élégant, réservé dans ses paroles et dans ses actes, spécialiste et amoureux des corniches, des pilastres et des encorbellements, était un cavaleur ? Et un sacré menteur !

— Tu comptais sur quoi pour le retenir ?

— Le retenir ? Je n'ai jamais eu cette idée-là. D'ailleurs, il n'est pas parti.

— Si, d'une certaine manière, il partait. Il revenait seul et il repartait avec d'autres femmes. Ce n'est pas parce qu'un homme est marié à la plus belle femme du monde que, l'occasion, l'herbe tendre, comme dit La Fontaine, il ne la trompera pas avec des femmes moins belles que la sienne. Est-ce que tu n'as pas trop misé sur ta beauté ? Est-ce que ta beauté ne t'a pas inconsciemment caché les risques que courent à la longue tous les couples ?

— Franchement, je ne me suis jamais posé ce genre de questions.

— Si tu dois te reprocher quelque chose, c'est ça.

— Mais je n'ai pas envie de me reprocher quoi que ce soit ! Ce serait le comble ! dit Marie-Lou en me jetant un regard furieux. Je te rappelle qu'il m'a avoué m'avoir trompée un an seulement après notre mariage. Où est l'usure du couple ?

— Il s'est excusé ? Il t'a manifesté des regrets, des remords ?

— Il m'a dit qu'il aurait voulu m'épargner le chagrin qu'il me causait. C'était pour que je ne découvre pas ses frasques et que je ne sois pas malheureuse, qu'il se dissimulait avec tant de précaution. Jusqu'à cette étourderie. S'il regrettait quelque chose, c'était ça et non pas ses cavales. Et il a eu le culot d'ajouter que d'une certaine manière il m'était fidèle puisqu'il n'a jamais eu l'intention de se séparer de moi au profit d'une autre...

J'aurais voulu dire à Marie-Lou qu'effectivement, tout infidèle qu'il était, Philippe montrait beaucoup d'attachement à son couple. Plus il multipliait les aventures, plus nombreuses étaient les tentations de s'attacher ailleurs, et plus il donnait de preuves à sa femme de la force et de la permanence de son aimantation. Il n'avait jamais cessé de l'aimer. Mais voilà, c'était un bigame, et plus si affinités. Comment, ce jour-là, apporter à ma sœur un réconfort d'apparence aussi paradoxale ? Elle aurait crié à la provocation et claqué la porte. Plus tard...

— Le plus étonnant, dis-je, c'est que pendant si longtemps la double vie de Philippe n'ait pas parasité la vôtre, que votre vie intime n'en ait pas été affectée. Enfin, pas au point que tu te poses des questions.

— J'ai maintenant les réponses à des questions que je ne me suis pas posées ou que je n'ai pas voulu lui poser, dit Marie-Lou après avoir allumé une autre cigarette.

— Par exemple ?

— Tu connais Philippe. Il est un peu cyclothymique, avec des périodes de gaieté et de mélancolie. Sans raison. Je croyais jusqu'à présent que c'était sans raison parce qu'il ne s'était rien passé dans notre couple, avec les enfants ou dans son travail, qui pouvait justifier sa bonne ou sa mauvaise humeur du moment. Il était comme ça, voilà tout. À prendre ou à laisser. Je prenais. Sans troubler sa gaieté ou sa mélancolie par des questions intempestives. Mais, maintenant, je connais les raisons de ses sautes d'humeur. C'était selon ses succès ou ses échecs dans sa vie cachée. Tu te rends compte de sa muflerie ? S'il avait passé une bonne nuit ou s'il espérait en passer une bonne avec sa copine, monsieur était charmant et drôle. Et si la nuit n'avait pas eu lieu ou si elle avait été décevante, monsieur faisait la gueule ! Ses enfants et moi étions par ricochet les bénéficiaires ou les victimes de ses adultères.

— Il était le plus souvent gai ou mélancolique ?

— Gai, hélas ! Et moi, idiote, je me réjouissais de sa joie de vivre. Alors que maintenant, rétrospectivement, j'en ai l'estomac tordu de jalousie et de colère.

Elle finit d'un trait son verre de whisky comme si elle comptait sur l'alcool pour apaiser son estomac.

— Pas de la même façon, mais Philippe me trompait autant chez nous qu'à l'extérieur, reprit Marie-Lou, un ton plus bas. Je vais te faire un aveu terrible, Adam : j'ai vécu pendant quinze ans avec un homme que je ne connais pas.

Marie-Lou et Philippe ont divorcé. Ma sœur s'est remariée trois ans après avec un confrère journaliste. Elle lui pose beaucoup de questions.

Seigneur, l'inconnu qui, le 12 juin 1642, au coucher du roi, glissa un billet à Cinq-Mars pour l'inviter à se cacher parce que Louis XIII voulait le faire arrêter, était-ce le jeune Molière ?

Seigneur, qui, le 22 juin 1958, à Los Angeles, a assassiné Geneva Hilliker Ellroy, la mère de l'écrivain américain James Ellroy (Le Dahlia noir, L.A. Confidential, Ma part d'ombre, *etc.*), *lequel, lorsqu'il était enfant, jeta une malédiction contre elle, souhaitant sa mort ?*

Seigneur, le 4 mars 1989, au bar du Ritz, vers une heure du matin, une jeune femme brune aux yeux bleu-violet, d'une beauté biblique, me dit à l'oreille : « Je vous cherche depuis cinq ans, je vous trouve enfin. » Mais elle disparut presque aussitôt. À mon tour, je l'ai cherchée. Toute la nuit, puis pendant cinq ans. Sans la retrouver. Qui était cette femme dont je suis toujours en manque ?

Seigneur, qui a fait empoisonner la très belle Agnès Sorel, maîtresse officielle de Charles VII ? Le dauphin, futur Louis XI, qui la détestait ? Jacques Cœur, qui reconnut sa culpabilité sous la torture, puis fut lavé de tout soupçon ? Marie d'Anjou, l'épouse de Charles VII ? Mais Agnès Sorel est-elle réellement morte empoisonnée au mercure ?

Mettre en question la question

Mon entretien avec Jean-Manuel T., l'un des éditeurs du vaste domaine des essais chez Gallimard, a été un peu fou. Car il me posait des questions à propos de mon futur livre sur les questions ; et je lui posais des questions sur ce qu'il en attendait. Nous nous répondions par des questions, et notre façon d'y répondre était d'en soulever d'autres. Je lui ai demandé si un ouvrage sur les questions ne devrait pas être constitué que de questions. Il s'était posé la question. Il s'interrogeait et m'interrogeait sur ma capacité à prendre de la distance avec moi-même pour me poser les bonnes questions sur l'art et la technique de poser des questions. Je m'étais en effet posé la question. Je lui ai dit qu'il me serait utile qu'un expert établisse un questionnaire psycho-sociologique sur le fonctionnement des questions dans nos rapports humains. Il m'a suggéré de me poser la question de l'usage comparé des questions dans la sphère professionnelle et dans la sphère privée.

— Il faudra laisser des questions ouvertes, me dit l'éditeur.

— D'autant plus, ajoutai-je, que je ne pourrai pas répondre à toutes les questions.

— Cependant on attendra de vous que vous examiniez la question sous tous ses aspects.
— Oui, mais il est hors de question que je fasse un gros livre.
— Question de méthode ?
— Non, question de temps.
— Au fond, votre travail consistera à mettre en question la question.
— Ce qui va m'obliger, moi, le questionneur, à me mettre en question.
— Et même à vous infliger la question !
— Oh, là ! Je ne pensais pas que cette question m'entraînerait aussi loin. Je commence à me poser sérieusement des questions sur ce livre...
— Mais non, mais non... Ce n'est qu'une question de confiance. J'ai confiance en vous.
— Je peux vous poser une question ? lui demandai-je.
— Je vous en prie.
— Comment se manifeste votre confiance ?
— Par un contrat et un à-valoir, pas énorme, mais quand même...

En attendant ce contrat accompagné d'un chèque probablement bien modeste, j'ai continué de réfléchir sur mon métier d'intervieweur et de prendre des notes en réponse à mes questions.

Interviewer, c'est décider de quoi l'on va parler. C'est avoir l'initiative des mots. C'est bénéficier des privilèges du terrain et de l'offensive. Il y a du pouvoir dans cette position du premier qui parle. Il y a aussi du risque : se faire contrer d'entrée de jeu. Ce pouvoir du questionnement apparaît de moindre conséquence chez un journaliste que chez un professeur, un policier ou un DRH qui, selon les réponses qu'ils obtiennent, peuvent sanctionner, punir ou exclure. L'intervieweur lance des mots pour attraper des mots. Ce n'est qu'un jongleur, un saltimbanque de l'information. Son numéro terminé, il laisse le public juge.

Celui qui lui répond a le prestige. Il est questionné parce qu'il détient un savoir qu'il va transmettre. C'est lui que l'on lit ou que l'on écoute, c'est pour lui que l'on est attentif. Ses réponses font avancer le schmilblick, nom donné par Pierre Dac à la connaissance. Peut-être ses propos seront-ils cités, reproduits ou commentés ? Il espère retirer de l'entretien de la sympathie, de la confiance, de la notoriété. S'il est en campagne pour une élection ou «en promo» pour un livre, un film, un disque, un concert, etc., il compte bien que ce sera «payant» ou «très porteur».

À la télévision, des inconnus sont ravis d'exposer leur intimité à la curiosité vorace de la foule. Les voilà célèbres dans leur quartier ou leur village pendant quelques jours. Comme des grands ils ont répondu publiquement à des questions. Ils ont appartenu durant quelques minutes à un autre monde, les nantis de la parole.

Ce n'est pas le journaliste ou l'animateur qui, avec ses questions, change tant soit peu le cours naturel des choses, c'est la personne qui lui répond. Accepter d'être interviewé, c'est avoir l'ambition d'ajouter à l'opinion publique ou à la culture générale. Des philosophes pensent que la question est plus importante que la réponse. Les journalistes et les animateurs qui croient cela doivent faire soigner leur ego.

Chacun a sa manière d'interviewer, comme chacun a sa façon d'écrire. On a préparé des questions, on les a classées selon un plan qui paraît logique ou astucieux. Il arrive heureusement que des réponses inattendues viennent perturber le scénario et entraînent le journaliste sur des chemins non balisés. Il est tout aussi important pour lui de savoir écouter que de savoir parler. La réactivité aux réponses est une qualité nécessaire. Il est bien que l'interview ressemble à s'y tromper au naturel d'une conversation, même si le sujet en est la transgenèse des céréales ou les mentalités et croyances dans la Puisaye du haut Moyen Âge. Ne pas craindre d'être ou de paraître naïf, ému, passionné, amusé, étonné, voire scandalisé, aux yeux de l'interviewé. Il se sentira ainsi conforté pendant sa performance oratoire et encouragé à lâcher plus de confidences.

Interviewer, c'est tenter de dérober son miel à un apiculteur.
Une interview, c'est un bouche-à-bouche pour du bouche à oreille.

L'interview moins rare qu'on pourrait le croire : un auteur questionné sur le livre qu'il n'a pas écrit par un journaliste qui ne l'a pas lu.

Le temps de l'interview conditionne sa forme. On n'interroge pas pendant une heure – c'est la durée d'« Aparté » – comme on interroge quand on ne dispose que de cinq ou dix minutes.

Conseils. Commencer les longs entretiens, pour la presse écrite comme pour l'audiovisuel, en douceur, avec humour, dans la décontraction et la séduction. Apprivoiser, mettre en confiance, rassurer, et même, si l'on voit l'autre en face méfiant ou coincé, le flatter. Pas trop, un peu, juste ce qu'il faut pour le dénouer, lui insuffler de l'énergie et de l'assurance.

Puisqu'on a le temps, comme au football, passer par les ailes. Élargir la perspective. Donner de l'air. Puis, centrer devant ou en retrait, reprendre de volée, décocher les questions au but qu'on a préparées et qui justifient le bien-fondé de l'interview. On peut ensuite soit, dans une stratégie offensive, continuer d'occuper le terrain dans sa partie la plus sensible, soit, telle une digression, repartir par les ailes pour redonner une certaine légèreté à l'entretien avant la dramaturgie finale.

Quant à l'interview de quelques minutes, elle ne peut être qu'une série de tirs au but.

À la radio et à la télévision, les silences sont coupés au montage. Dommage ! Parfois, ils en disent beaucoup. En direct, l'éloquence de certains silences.

Pourquoi ? Toujours « pourquoi » ? Le mot le plus utilisé dans les questions. On veut toujours savoir pourquoi. Pourquoi ceci ? Pourquoi cela ? Pourquoi lui ? Pourquoi pas nous ? Pourquoi demain ? Pourquoi jamais ? Pourquoi ici ? Pourquoi pas là ? Pourquoi oui ? Pourquoi non ? Pourquoi faut-il... ? Expliquez-nous pourquoi. Ça va du philosophique «pourquoi y a-t-il quelque chose plutôt que rien?» au prosaïque «pourquoi es-tu en retard?»

Pourquoi le savoir? Pour savoir pourquoi.

Dans les régimes autoritaires, les sociétés oppressives, les religions tyranniques, le mot pourquoi est si craint et haï qu'il est interdit. Les lanceurs de pourquoi sont des héros et des martyrs. Primo Levi raconte dans *Si c'est un homme* qu'à Auschwitz il demanda à un gardien pourquoi il lui interdisait de prendre dehors un glaçon pour étancher sa soif. «*Warum? – Hier ist kein warum*» (Pourquoi? – Ici il n'y a pas de pourquoi), répondit le SS.

On ne dit plus «plaît-il?» quand l'on n'a pas entendu ou pas compris. «Quésaco?» pour exprimer son étonnement ou sa méconnaissance est trop familier. «Quid?» est désuet. J'emploie l'expression interrogative «c'est-à-dire?» Elle va pour tout. Lorsque la réponse me paraît obscure, incomplète ou relevant de la langue de bois, je relance par un simple «c'est-à-dire?» Lorsque, ça arrive, la réponse me surprend, me déstabilise et que je cherche à gagner du temps pour recouvrer la pleine maîtrise de la conversation, «c'est-à-dire?» est une discrète bouée de sauvetage.

«Mais encore?» n'est pas mal non plus.

Ou, tout simplement, «pardon?»

D'un intervieweur la notoriété a fait de moi un interviewé. Je déteste ça. Je prête à mes confrères journalistes les ruses ou les audaces dont je sais user dans le même exercice. Leurs ficelles délient les miennes, mes questions sont banalisées par les leurs. De même que Groucho Marx refusait d'entrer dans un club qui se serait abaissé en l'admettant, je juge qu'être l'interviewé – et, à travers moi, tous les journalistes et animateurs de l'audiovisuel – retire du prestige à l'art de l'interview. Je suis invité en quelque sorte à déprécier mon métier. Modestie ou orgueil ? Ni l'une ni l'autre. Une juste appréciation de mes intérêts professionnels. Trop d'interviews tuent l'interview. Trop d'interviewés discréditent les interviewés. Et les intervieweurs.

Un jour, je fus invité à un débat télévisé sur le thème « Prêt-à-porter ou haute couture ? ». J'avais fait de longs entretiens avec les grands créateurs de mode : Givenchy, Saint Laurent, Ungaro, Lagerfeld, Lacroix, Galliano, etc. La productrice de l'émission avait jugé utile d'avoir mon témoignage. Dans un moment de faiblesse ou de vanité j'avais accepté. Je le regrettai dès que je fus assis sur le plateau du direct. Qu'est-ce que je foutais là, coincé entre la critique de mode du *Figaro* et le patron de Zara pour la France ? Mon boulot était de poser des questions, pas d'apporter des réponses. Je regardais avec envie le fauteuil de l'animateur. C'était là que je serais efficace et que j'aurais du plaisir, alors qu'à la place que j'occupais j'étais à contre-emploi. J'éprouvais le désagréable sentiment d'être un imposteur. Adam, pourquoi t'es-tu fourvoyé ?

À un certain moment, l'animateur me demanda quel était le créateur de mode qui m'avait le plus impressionné. Certain que j'allais dire des platitudes, me réfugier derrière des clichés – le prêt-à-porter de la conversation –, je répondis que mon opinion était sans importance, mais que, profitant de la présence de Karl Lagerfeld, je voulais lui demander pourquoi un homme de sa culture, de sa créativité, de sa stature, acceptait de se commettre parfois dans des émissions racoleuses ou ringardes.

La conversation s'étant longuement égarée, l'animateur éprouva bien des difficultés à la ramener sur les chiffons industriels et élitaires. Sitôt l'émission terminée, il fondit sur moi avec fureur. Je le priai de m'excuser. Contre le naturel, voyez-vous, cher confrère, on ne peut rien... Je ne fus pas réinvité. Tant mieux.

Je proposerai à Jean-Manuel T. d'intituler mon livre *Oui, mais quelle est la question ?*, et de mettre en épigraphe la célèbre boutade de Woody Allen : « La réponse est oui. Mais quelle était la question ? » Conjuguée chez lui à l'imparfait, sa question je la mettrai au présent. « Quelle était la question ? » ne relève plus que de l'histoire, alors que « quelle est la question ? » est intemporel. La question est toujours vivante, elle est ouverte, illimitée, énigmatique, prosaïque ou métaphysique, scientifique ou romanesque. Au présent, la question a l'avenir en elle.

Les réponses des chats

S'ils répondaient plus souvent à mes questions, j'aimerais les chats.

Enfin, si, je les aime bien. Comment ne pas être conquis par leur gracieuse et insolente beauté ? Par leur égoïsme d'élus de la Fortune ? Même nés dans le ruisseau ce sont des aristocrates. Mais ils ne sont pas coopératifs. Toujours drapés dans leur fourrure et leur quant-à-soi. Affectueux, familiers, couchés en rond sous la couette ou sur nos genoux, et cependant distants par orgueil, retranchés derrière d'impénétrables méditations poursuivies de génération en génération.

Les chats de mes parents s'appelaient Lévi et Strauss. Les deux frères devaient leur nom à l'animalerie du Collège de France où ils étaient nés et d'où mon père les avait sauvés avant qu'ils ne servent de chair à labo. De leur nom et de leur évasion d'un destin cruel ils tiraient beaucoup de fierté. Lévi et Strauss ne se prenaient pas pour de la crotte. Jamais l'un sans l'autre. Pour manger, dormir, chasser, observer, écouter, réfléchir, toujours en duo. Ils avaient compris que Lévi sans Strauss et Strauss sans Lévi n'étaient rien, et que leur prestige tenait à leur identité complémentaire. Inséparables, ils sont morts le même jour, à quelques heures d'intervalle.

Plus de vingt ans après, lors de l'enregistrement chez lui d'une interview de Claude Lévi-Strauss – aimable, modeste, ouvert, tout le contraire des deux chats –, je n'ai pas osé lui raconter leur histoire. Il aurait pu croire que mon père avait distribué son double nom aux chats, non par admiration pour le professeur au Collège de France et l'auteur de *Tristes tropiques*, mais pour plaisanter, peut-être se moquer de lui.

Lévi et Strauss ne répondirent à aucune de mes questions d'étudiant-journaliste. Pas un ronronnement, pas un mouvement de paupières. Ils devaient se méfier de la presse. Ou considéraient-ils que je n'étais pas intellectuellement de leur niveau ? Chats anthropologues, félins des sciences humaines, m'auraient-ils snobé si j'avais été un futur psychanalyste ?

J'eus un peu plus de chance avec Gribiche et Ravigote. Lorsque ma femme, Lucile, et moi nous nous sommes installés dans une maison de Ville-d'Avray, elle a désiré que deux chats ajoutent du charme à notre intimité et au jardin. C'étaient deux sœurs, pelage gris souris traversé de bandes parallèles couleur noir de merle. Nous leur avions donné les noms de deux sauces vinaigrette piquantes parce que Lucile réussissait celles-ci à la perfection et parce que les deux chattes avaient elles aussi quelque chose de piquant dans leurs airs effrontés.

Je suis plus doué pour comprendre les questions des chats que leurs réponses. Autant je suis sûr du caractère interrogatif de leur langage sonore et corporel, autant je doute de leur capacité à nous répondre, à moins que par caprice ils ne s'y refusent. Repus de croquettes, affalés dans le moelleux, les gros matous jugent même inutile tout effort de communication. Au-dessus d'eux, en permanence, une pancarte virtuelle sur laquelle on lit : ne pas déranger.

Pour demander, ça, Gribiche et Ravigote, elles savaient y faire ! Miaulements modulés selon le degré d'impatience, frôlements sinueux de mes chevilles, regards énamourés, paupières en essuie-glace, légers coups de patte... Pas difficile à comprendre. Pourrais-tu nous ouvrir la porte ? C'est bientôt fini, cette insupportable musique de Wagner ? Nous n'apprécions pas le nouveau granulé de nos litières, pourquoi Lucile ou toi en avez changé ? Que lis-tu en ce moment ? Peux-tu nous accorder quelques minutes de caresses ? Oui, ensemble, si tu es assez habile de tes deux mains. As-tu pour nous de l'amitié, de la tendresse ou de l'amour ? Et ton épouse ?

En sens inverse, la communication était plus complexe. Les miaulements sont des déclarations ou des questions, jamais des réponses. Les clignements d'yeux permettent aux chats de dire oui ou non, pas davantage. C'est du ronronnement qu'on peut espérer la repartie la plus loquace. Encore faut-il en comprendre le langage. Une constante pour Gribiche et Ravigote – comme pour tous les chats : après leur avoir posé une question, les caresser ou leur gratouiller le dessus du crâne pour obtenir une réponse sous la forme d'un ronron.

À leur écoute, j'avais remarqué que leurs ronronnements n'étaient pas tout à fait les mêmes. Plus doux et mélodieux chez Gribiche, un rien plus rauques chez Ravigote. La conversation de celle-ci avait, me semblait-il, plus de caractère que le discours de celle-là. Je les avais enregistrés sur un magnétophone très sensible et écoutés sans relâche comme s'il y avait dans ces petits grondements de leur intimité un secret à percer. Étude des rythmes, du volume sonore, du temps écoulé entre arrêts et reprises... Comparaison des courbes des résultats pour les deux chattes... Lucile se moquait. «Tu aurais intercepté un dialogue ou des borborygmes d'extraterrestres que tu ne leur manifesterais pas plus d'intérêt.»

J'avais l'impression, mais ce n'était qu'une impression, que les ronronnements différaient légèrement selon qu'ils étaient des réponses à des questions d'ordre pratique, du genre: avez-vous faim? pourquoi préférez-vous dormir dans une corbeille de linge propre repassé plutôt que dans une corbeille de linge propre non repassé?, ou à des questions qui élevaient leur âme, comme: trouvez-vous que le temps passe trop vite ou trop lentement? la réflexion philosophique dépend-elle chez vous de l'inné ou de l'acquis?

Mes expériences et mes études n'ont pas abouti. Le ronron est resté pour moi un langage indéchiffrable. J'ai continué de caresser Gribiche et Ravigote, de leur gratter le crâne et le dessous, si doux, de leur mâchoire, mais en ne les interrogeant plus. Je me suis lassé de leurs réponses hermétiques. Trop frustrant. Rien n'est plus démoralisant que de recevoir des réponses incompréhensibles à des questions pourtant stimulantes.

Quand Lucile et moi nous nous sommes séparés, je suis parti avec Ravigote, elle gardant Gribiche. Les deux chattes ont beaucoup souffert de leur désaccouplement. Plus que nous. Comme l'une et l'autre se laissaient mourir, j'ai rendu Ravigote à Gribiche et à Lucile. Me serais-je montré aussi conciliant, n'aurais-je pas exigé la réunion chez moi des deux chattes, si elles avaient répondu à mes questions avec clarté ?

Lucile

Lucile m'a demandé tout à trac : « Et si on se mariait ? » J'ai répondu : « Oui. »

Insensé ! Comment, moi, intervieweur professionnel, spécialiste des questions piégeuses, ai-je pu me laisser piéger comme un béjaune par une question aussi peu inattendue ? La nuit de la Saint-Sylvestre est-elle une circonstance atténuante ? Nous avions passé le réveillon chez des amis fortunés. Bollinger, Montrachet, Richebourg et Château-Yquem avaient allumé en nous de somptueux incendies que l'alcool noyait dans le même temps. Le passage d'une année à l'autre se fit dans l'euphorie. Lucile ne m'a pas proposé le mariage parce qu'elle avait pressenti que dans ces circonstances inhabituelles je serais malléable, mais parce que de nous tous elle était celle que le vin avait rendue la plus conquérante.

Depuis longtemps, je m'étais posé la question du mariage. J'y avais répondu par la négative, étant convaincu que je serais responsable de son échec. La suite confirma mon pronostic. Mais, homme de parole, je devais honorer mon oui, même s'il avait été prononcé dans un moment de délicieux égarement.

Je me pardonnais mon imprudence en me convainquant qu'une union officielle était une expérience qui, si je ne la vivais pas, me manquerait. Quarante ans était le bon âge. Et puis Lucile, ma cadette de cinq ans, était la première femme avec laquelle je me sentais *toujours bien*. Oui, très bien, tout le temps et partout : au lever et au coucher, dans la cuisine, au salon, à table, au lit, en promenade, en voyage, au spectacle, chez les amis... Je me souviens d'une autre femme que j'appréciais beaucoup, sauf en voiture. Quand je conduisais, elle avait peur ; quand elle conduisait, je m'énervais. Sur l'accélérateur et le frein, nos deux talons d'Achille. Avec Lucile pas de mistigris dans notre couple. Pas même mes questions qu'elle savait, avec le sourire, éviter ou désamorcer, quand elle ne choisissait pas d'y répondre avec une franchise qui respirait la belle santé. Ainsi me narra-t-elle toutes les occurrences et toutes les raisons qui avaient fait que, femme rayonnante, ô combien désirable, à trente-cinq ans elle ne s'était pas engagée durablement ni mariée, ni n'avait eu d'enfant.

Pour moi elle avait quitté un publicitaire de renom. Mais cela ne s'était pas passé du jour au lendemain. Elle n'était plus sûre de ses sentiments pour lui ; elle ne l'était pas encore pour moi. Pendant plus de deux mois elle avait mené une double vie, bricolant avec génie un emploi du temps où lui avait de moins en moins de place et moi de plus en plus. À ses absences ou ses retards elle trouvait des justifications qui témoignaient de la richesse de son imagination. Elle savait lui mentir au téléphone avec aplomb. J'étais émerveillé par son audace, ses ruses, et les preuves grandissantes de son amour pour moi. Étant chaque jour un peu plus certain de sortir vainqueur de son double jeu, j'y prenais du plaisir. Et elle ? Oui, me répondit-elle sur l'oreiller, avec une douce cruauté. Non, ajouta-t-elle un peu plus tard, le regard mélancolique. Garder les deux hommes ? Elle s'en fut dans la salle de bains. Le lendemain, elle rompit avec le publicitaire. Sa demande en mariage était aussi une adresse à elle-même pour fixer son cœur et amarrer sa vie.

Lucile était la principale collaboratrice de l'agence artistique Artbis qui avait sous contrat des comédiens et des musiciens. Pas de vedettes, encore moins des stars, mais, tels des écrivains du second rayon, de talentueux artistes du second rang. Elle s'employait à leur trouver des rôles ou des concerts, à négocier leurs cachets et à leur assurer une exposition médiatique.

Vous imaginez bien, ô lecteurs amènes et maintenant familiers de mes compulsions, que je lui ai demandé si certains de ses contractants avaient été ses amants. Elle ne s'en est pas offusquée. Elle ne s'est pas dérobée non plus. Oui, en douze années d'Artbis, un comédien, assez longtemps, un pianiste et un violoniste, brièvement. Chaque fois à l'insu de l'agence, qui n'aurait pas apprécié. Lucile m'avait donné leurs noms. Ils ne m'étaient pas inconnus. Pas assez célèbres cependant pour que je pousse la malice à en inviter un dans mon émission de radio (je n'étais pas encore à la télévision).

Quand j'avais suggéré à Lucile de les réunir tous les trois dans un spectacle littéraire et musical, ce n'était plus de la malice mais de la malignité. Bien des femmes auraient tiqué, jugeant ma proposition désagréablement ironique. Lucile m'a répondu que c'était une idée amusante et qu'elle y réfléchirait. La souplesse de son caractère était un gage de notre avenir.

Nous nous sommes tant aimés que, sans que nous nous soyons posé beaucoup de questions, comme si un enfant était le prolongement obligé de notre couple, Julien est né très vite. Penché sur son berceau, je me suis alors demandé avec autant d'inquiétude que de curiosité quel serait son avenir ; si sa mère et moi nous resterions assez longtemps unis pour lui assurer de grandir sous un toit unique ; de quel poids il pèserait sur ma vie et comment mon égoïsme de célibataire s'accommoderait de son innocente tyrannie ; si mon impatience de journaliste était compatible avec la patience que réclame le métier de père ; si un enfant, produit dérivé du couple, en est la vitamine ou le poison ; si, un jour, ses silences ne me feraient pas regretter ses cris et ses pleurs ; combien de milliers de questions, gaies ou douloureuses, tendres ou sévères, il ajouterait jusqu'à ma mort à mon opiniâtre collection de points d'interrogation.

Pendant plus de quatre ans et demi Lucile et moi avons formé un couple admiré et jalousé. Le bonheur public, ça épate et ça irrite. L'annonce de notre séparation, cinq ans après notre mariage, a désespéré les uns et rassuré les autres. À tous je révèle pour la première fois l'enchaînement du désastre.

Alors que je quittais la radio pour la télévision, incontestable promotion professionnelle qui se traduisait d'abord en salaire, puis en notoriété, Lucile rencontrait à Artbis de gros déboires. Un comédien, qu'elle avait accompagné tout au long de son ascension vers les premiers rôles, avait quitté l'agence pour une autre au nom plus ronflant. Puis, coup sur coup, une comédienne et un violoniste l'avaient lâchée, l'une parce qu'elle l'accusait d'être responsable de son confinement dans des distributions médiocres, l'autre parce qu'il jugeait ses cachets sans rapport avec l'immense talent dont il se créditait. Enfin, pour clore cette série noire, une pianiste s'était dédite la veille de la signature de son contrat. Le directeur d'Artbis était furieux contre Lucile. Il l'accusait d'avoir « perdu la main », d'être moins attentive aux états d'âme des contractants de l'agence, de n'être plus aussi efficace que naguère avec les producteurs, les responsables de castings et les organisateurs de spectacles et de concerts, surtout en province. Il laissait planer sur elle la menace d'un licenciement si elle ne se ressaisissait pas. Je lui conseillais de claquer, à défaut du bec, la porte de ce butor. Mais, par fierté, elle préférait rester et se battre contre une adversité injuste.

Nos retrouvailles chaque soir pour le dîner étaient compliquées. J'étais dans l'euphorie, elle dans le désarroi. Par amour pour elle je faisais silence sur la préparation et les heureuses perspectives d'« Aparté » tandis que je l'interrogeais sans relâche sur ses nouvelles façons de travailler. Elle avait besoin de parler, de raconter dans le détail sa journée professionnelle, d'exposer sa stratégie, ses espérances, quitte à ce que j'entende plusieurs fois dans la semaine le même discours en réponse aux mêmes questions. C'était sans importance, mon invincible patience constituant un élément essentiel de sa thérapie comportementale. À quoi s'ajoutait la présence de la joyeuse frimousse de Julien qui allait sur ses quatre ans.

Mais une nouvelle défection d'un comédien, due, si j'ai bien compris, à une réflexion irritée, probablement blessante de sa part, plongea Lucile dans l'abattement. C'est alors qu'elle devint imprévisible. Le soir, elle rentrait de plus en plus tard, d'abord en me prévenant, puis plus du tout. Je dînais seul avec Julien. D'excellentes raisons expliquaient ses absences : dîner professionnel, avant-première d'un film de cinéma ou de télévision, concert. D'habitude je l'y accompagnais. Elle préférait maintenant y assister seule. Elle jugeait que ma notoriété était pour elle plus une gêne qu'un atout. Elle ne voulait plus perdre de temps à voir mes amis qui, tout à coup, n'étaient plus les siens. Et ses amis, avait-elle décrété, n'étaient pas les miens. Enfin, comme par hasard, le soir de la première d'«Aparté», un rendez-vous capital l'avait empêchée de voir mon émission.

La curiosité avait été jusqu'à présent le principal moteur de ma questionnite. Elle avait été parfois relayée par l'inquiétude. Mais jamais jusqu'alors par l'angoisse. Le cancer de ma mère ne s'était pas encore déclaré. Il était évident que Lucile me mentait, qu'un autre homme était entré dans sa vie. Elle me trompait et j'allais la perdre. Dévoré de jalousie, rongé par l'angoisse, je voulais savoir. Qui ? Où ? Comment ? Pourquoi ? J'étais maintenant un inquisiteur en fusion. Un enquêteur obsédé. Un déluge de questions s'abattait matin et soir sur Lucile. Elle y répondait avec une agaçante sérénité et même un léger sourire retrouvé. Elle avait toujours une explication apparemment logique. Je ne pouvais pas tout contrôler, et ce qui n'était pas vérifiable s'installait comme du feu dans ma tête.

J'étais d'autant plus assuré de mon infortune que je me rappelais la maestria avec laquelle Lucile avait dupé mon rival de nos débuts. La subtilité de ses dissimulations, la fermeté de sa voix mensongère, l'efficacité de ses embobelinages, son usage machiavélique de la liberté. Ce qui chez elle, alors, m'avait épaté et réjoui, maintenant m'indignait et me torturait.

L'idée m'effleurait de temps en temps qu'elle avait besoin de prendre ses distances avec moi pour mieux se consacrer à la reconquête de sa position à l'agence. C'est d'ailleurs le principal argument qu'elle invoquait pour justifier son comportement. Ou bien mes succès professionnels lui étaient-ils devenus insupportables ? Ou encore était-elle victime d'une déprime qui lui faisait préférer la solitude à la compagnie de son mari et de son enfant ? Pourquoi pas ?

Mais non, un autre homme lui insufflait sa nouvelle énergie. Cent fois, je lui demandai de confirmer son existence. Cent fois, elle me répondit qu'il n'existait pas. Quel aplomb ! Un soir, alors que Lucile, en chemise de nuit, assise en tailleur sur la moquette de la chambre, feuilletait un livre, je glissai une main entre ses cuisses. « Ah, non ! » s'écria-t-elle en se relevant d'un bond. Elle refusait désormais de faire l'amour.

Quand, de Périgueux où elle avait accompagné un pianiste, elle me téléphona pour me dire qu'elle resterait une journée, donc une nuit, de plus pour rencontrer l'adjointe à la culture et le président du festival de musique, je me rappelai les voyages adultérins en province de mon ex-beau-frère. Elle ne voulut pas me donner les noms de ces deux personnes. Je me les procurai ainsi que leurs numéros de téléphone. Je m'abaissai à appeler le président du festival. Quoique étonné par mes questions embarrassées, il me confirma leur rendez-vous. Quand j'eus raccroché, je me dis que mon coup de fil était une initiative bébête. Lucile n'était pas femme à se risquer sans alibi.

À son retour, elle répondit à mon pilonnage de questions par d'acides protestations contre mon espionnage à distance, pour elle humiliant. Le président du festival lui avait fait part de mon appel dont il avait relevé « le caractère inquisiteur et tourmenté ».

Après Périgueux, il y eut la nuit supplémentaire de Beauvais, puis celle de Strasbourg. Je ne vérifiais plus rien. J'étais désespéré. Buté, je ne lui posais même plus de questions. Silence contre silence. Pour tester ses réactions, je découchai une nuit. Elle ne me fit aucune remarque, comme si cela n'avait à ses yeux aucune importance.

Un matin, alors qu'elle s'apprêtait à partir à son bureau, elle me dit qu'en effet elle avait un amant. Depuis plusieurs jours je ne lui posais plus cette question rengaine. Elle avait pris l'initiative de la réponse pour ne pas me donner le plaisir de la voir céder à ma pression interrogative.

Après avoir attendu le retour de Julien de l'école avec sa gouvernante, je l'ai embrassé en retenant mes larmes. Puis, lesté d'une valise et d'un grand sac, j'ai quitté notre maison de Ville-d'Avray et me suis installé dans un hôtel, à Paris. Plus tard, je déménagerais mes affaires, en particulier mes nombreux disques et livres, dans un appartement à trouver.

Deux ans après notre séparation, un an après notre divorce, Lucile m'invita à dîner. Nous nous rencontrions rapidement chaque fois que l'un de nous reconduisait notre fils au domicile de l'autre. Elle avait pris l'initiative de ce repas pour m'annoncer deux nouvelles. D'abord, que les actionnaires allaient lui confier la direction de l'agence Artbis. Je l'ai sincèrement félicitée. Ensuite que, tant que nous avions vécu ensemble, elle n'avait jamais eu d'amant et ne m'avait pas trompé.

— Je ne te crois pas.

— Je te le jure sur la tête de notre cher Julien.

— Mais c'est toi qui me l'as dit, tu m'en as fait l'aveu !

— C'était faux. Tu attendais depuis si longtemps cette réponse qu'à la fin, pour avoir la paix, je te l'ai donnée.

— Mais en disant ça tu signais l'arrêt de mort de notre couple.

— J'ai considéré qu'il valait mieux ça que de continuer à vivre avec un fou furieux qui me bombardait de questions jour et nuit sur ma supposée trahison. Ta jalousie t'avait rendu invivable. Dément ! J'étais en dépression, j'avais besoin d'air, de liberté, de me retrouver seule, de travailler deux fois plus pour regagner la confiance de mon patron, et toi, sitôt que je mettais les pieds chez nous, tu m'assaillais de tes questions perfides ou agressives. Sans compter tes enquêtes dans mon dos sur mon emploi du temps. Tu n'as évidemment jamais eu la moindre preuve que je te trompais puisque je ne te trompais pas. Mais tu étais tellement persuadé du contraire que tu m'interrogeais sans relâche pour entendre, non pas ce que tu avais envie d'entendre, mais ce que tu avais décidé d'entendre. Et quand, après au moins trois semaines de ce traitement-là, absurde, désespérant, tu as choisi de te taire, ton silence était insoutenable parce qu'à travers continuaient de résonner tes questions et tes accusations. J'ai décidé alors de...

— Mais pourquoi tu ne me disais pas tout ça ?

— Je te l'ai dit cent fois ! Mille fois ! Mais tu ne m'écoutais pas. Tu n'écoutais que ta petite voix intérieure, tyrannique, qui te faisait ressasser les mêmes questions... Tu pensais vaincre ton angoisse de me perdre en me soûlant de questions, et c'est en me soûlant de questions que tu m'as perdue.

J'étais atterré. Quoique assis à une table de restaurant, je sentais mes jambes devenir toutes molles. Une rigole de sueur se formait dans mon dos. Le réquisitoire de Lucile était implacable. Deux ans après, la vérité, l'irréfutable vérité, me rattrapait. Devant mon désarroi, mon ex-femme n'en rajouta pas. Elle triomphait modestement, peut-être avec un peu de tendresse et de nostalgie. De la pitié, aussi ?

— Je peux te poser une question ? lui ai-je demandé à la fin du dîner, après avoir recouvré mes esprits. Ce sera la dernière, je te promets.

— Mais non, je te connais, ce ne sera pas la dernière... Je t'écoute.

— Durant nos quatre années de vie commune y a-t-il une question que je n'ai pas pensé à te poser ?

— Oui, il y a une question que tu as oublié de me poser. Et la réponse est non, me dit-elle avec un sourire malicieux.
— Mais quelle est la question ?

Seigneur, pourquoi la girafe est-elle le seul mammifère à ne pas bâiller ?

Seigneur, le 5 avril 1994, Kurt Cobain s'est-il suicidé d'une balle dans la tête dans sa maison du lac Washington, thèse officielle, ou a-t-il été assassiné comme le prétend le détective Tom Grant, engagé par Courtney Love, la femme du chanteur ?

Seigneur, pourquoi l'Univers est-il en expansion et, surtout, comment expliquer que cette expansion s'accélère ?

Seigneur, « la fougue dont se grisent les amies de pensionnat » et qui unit pendant quelque temps Colette et l'actrice Marguerite Moreno, était-elle placée sous le signe de Lesbos ?

Au commissariat de police

Pas d'échappatoire. J'étais dans la nasse. Sur deux rangées les voitures s'avançaient, les conducteurs baissaient leur vitre, les policiers les saluaient et leur tendaient un ballon pour qu'ils soufflent dedans. Sauf intervention miraculeuse de saint Vincent, patron des vignerons et des picoleurs, je serai au-dessus de 0,5 gramme d'alcool dans le sang. J'avais eu le tort de reprendre une fois du champagne, deux fois du meursault et deux fois du Château-Beychevelle. C'était beaucoup, même pour un déjeuner copieux et délicieux où la conversation avait au moins autant brillé que la vaisselle.

— 0,8 gramme, m'annonça le flic. Veuillez ranger votre voiture le long du trottoir. Munissez-vous de vos papiers, ainsi que de ceux du véhicule, et rejoignez-moi dans le fourgon de police.

Voiture immobilisée, permis retiré, conducteur réprimandé. Je devrai me présenter dès le lendemain matin au commissariat de l'arrondissement. Les sanctions et les embêtements seraient à la hauteur de la faute, que je ne contestais pas. Si, par peur du gendarme, je me limite dans les dîners à deux ou trois verres, je me laissais aller à davantage au cours des déjeuners. Je n'imaginais pas, alors, qu'il puisse être procédé au début de l'après-midi à des contrôles d'alcoolémie.

Le policier qui, ce jour-là, faisait office de secrétaire du poste, me dit qu'en raison de ma notoriété c'est le commissaire, « en personne », qui me recevrait. Il m'accueillit dans son bureau avec, manifestement, de la curiosité et du plaisir. Ce n'est pas tous les jours qu'il lui était donné de pouvoir punir « une vedette de la télé ». La moustache roussie de la cinquantaine, les yeux bleus, une veste de velours côtelé noir dans l'ouverture de laquelle pendait une cravate verte et rouge sur une chemise blanche, c'était un super-flic en technicolor.

Il me fit d'abord des compliments sur « Aparté », regrettant cependant que je me sois laissé abuser par les réponses d'un célèbre truand, repenti marseillais interviewé six mois auparavant. Puis il me sermonna pendant trois minutes sur ma responsabilité d'automobiliste qui met en danger la vie de ses compatriotes en conduisant en état d'ivresse.

— Je n'étais pas ivre, protestai-je.
— Pour vous, non, mais pour la loi, oui.
— Et pour vous ?
— Non, je ne pense pas que vous étiez ivre au vrai sens du terme, mais je suis chargé d'appliquer la loi. Et la loi dit qu'à partir de 0,8 gramme vous avez commis un délit passible des tribunaux. Vous vous êtes mis dans de mauvais draps, monsieur Hitch !
— Avec 0,7 qu'est-ce qui se serait passé ?

— Ç'aurait été une simple infraction : une amende de 135 euros et la perte de six points de votre permis de conduire.

— Pour 0,1 gramme, me voilà gibier de potence !

— Il faut bien une limite...

— Je n'imaginais pas, en buvant mon dernier verre de beychevelle, qu'il allait...

— Du beychevelle ?

— Oui, vous connaissez, monsieur le commissaire ?

— Saint-Julien, quatrième cru classé... Et savez-vous ce que signifie son nom ?

Je le savais. Mais je n'allais pas commettre l'erreur de ne pas lui laisser la fierté de me prouver l'étendue de sa culture et de combler mon ignorance.

— Quand les bateaux de la Gironde, reprit le commissaire, passaient devant le château, ils faisaient révérence en baissant la voile. Beyche velle, baisse voile...

— Très jolie histoire !

— Je suis heureux, monsieur Hitch, dit-il en lissant sa cravate entre deux doigts et en se renversant dans son fauteuil, d'avoir appris quelque chose à un homme aussi cultivé que vous.

— Je vois, monsieur le commissaire, que vous êtes un connaisseur en vin ?

— Quel Français ne l'est pas !

— Tu tu tut ! Pas de fausse modestie. Quand, au nom de Beychevelle, on est capable d'ajouter instantanément : Saint-Julien, quatrième cru classé, c'est qu'on s'y connaît. Vous avez en mémoire tout le classement de 1855 des vins de Bordeaux ?

— Non, pas aussi bien que Jean-Paul Kaufmann, mais je me défends.

— Le bordeaux est votre vin préféré ?

— Oui et non. Oui, parce que j'ai dans ma cave...

— Combien de bouteilles, tous vins compris ?

— Je n'ai pas compté. Disons quinze cents à peu près. Peut-être un peu plus...

— Vous avez une jolie cave ?

— Oui, orientée plein nord, dans ma maison du Loiret. À température presque constante, été comme hiver. Taux d'humidité parfait. Le vin vieillit dans les meilleures conditions.

Le visage du commissaire de police reflétait l'habituelle autosatisfaction de l'amateur de vins parlant de sa cave bien fournie.

— Combien de bordeaux ? lui demandai-je.

— Plus d'une sur deux. Je vous disais que j'aime bien le bordeaux parce qu'on trouve dans les crus artisans et dans les bourgeois d'excellentes bouteilles à des prix abordables. Je crois avoir fait de bonnes affaires.

— Ça, c'est pour votre oui au bordeaux. Mais vous avez ajouté un non.

— Non, parce que je place au-dessus le bourgogne.

— Ah, ah ! Le bourgogne ?

— Oui, mais le bourgogne, c'est compliqué.

— Pourquoi donc, monsieur le commissaire ?

— Que je vous explique. Avec le blanc, pas de problème. Le meursault est cher, mais il n'est pas difficile d'en trouver de magnifiques bouteilles, même les années délicates. Avec le rouge, c'est une autre chanson.

Les climats de pinot... Vous savez ce que c'est qu'un climat, en Bourgogne ?

— Oui, bien sûr, répondis-je, ne voulant pas laisser pousser trop loin à ses yeux ignorance et discrédit.

— Un climat, reprit-il – comme s'il n'avait pas entendu ma réponse, refusant de laisser passer une occasion de m'épater en étalant ses connaissances –, c'est ce qu'on appelle ailleurs un cru. Le climat bourguignon, c'est quelques hectares de vigne qui produisent un vin bien spécifique, connu et apprécié depuis le Moyen Âge. Peu de bouteilles pour chaque climat, et, pour les plus réputés, à des prix ! Surtout, il n'y a rien à vendre aux particuliers. Tout part aux États-Unis, dans les grands restaurants, chez les «people».

— Oui, chez les «people», vous avez raison. Moi, par exemple.

— Vous ?

— Oui, moi. J'ai mes bouteilles réservées chaque année chez trois ou quatre des meilleurs vignerons de la côte de Beaune et de la côte de Nuits. Pendant vingt ans, j'ai même été sur la liste des clients d'Henri Jayer. Vous en avez entendu parler ?

— Henri Jayer ? Évidemment. Pour moi hélas ! inaccessible. Une légende, un mythe...

— J'étais un de ses amis, lâchai-je négligemment.

Le commissaire de police me regardait maintenant avec admiration et envie. Oubliées les remontrances, la leçon de morale, l'énumération des sanctions. Dépassée, inutile, sa bonne opinion d'«Aparté». J'étais l'homme qui avait ses entrées dans les meilleures caves de Bourgogne.

— Dommage, dis-je avec un léger sourire, que je n'aie pas soufflé dans un ballon du temps où Henri Jayer était encore en vie.

Il avait l'air de ne pas ou de trop bien comprendre.

— Je veux dire par là, monsieur le commissaire, que si je vous avais connu à cette époque, j'aurais demandé à Henri Jayer de vous glisser sur sa liste des ayants droit. Oh, pour six bouteilles, peut-être douze, pas davantage...

— Six, je m'en serais contenté. D'autant qu'avec ma modeste paye de commissaire, vous imaginez bien que je ne peux pas faire de folies.

— Voulez-vous que j'avance votre nom et plaide votre cause auprès de mes amis vignerons de Volnay et de Vosne-Romanée ?

— Vous feriez ça pour moi, monsieur Hitch ?

— Entre amateurs éclairés, il faut bien s'entraider.

Je crois que si, à ce moment-là, le commissaire avait soufflé dans un ballon, le résultat eût été positif, tant son sang et son esprit s'étaient en quelques secondes imprégnés par avance des arômes des meilleurs pinots noirs de Bourgogne. Il me dit, en déchirant le procès-verbal de mon délit, qu'il lui était plus facile de n'en laisser aucune trace que de ramener par un jeu d'écriture mon taux d'alcoolémie de 0,8 à 0,6, pour une infraction simple. Celle-ci pouvait quand même faire retirer six points de mon permis de conduire.

Soudain, je pensai à Gatsby le Magnifique qui, contrôlé par un policier pour excès de vitesse, brandit sous son nez une carte de Noël du chef de la police auquel il avait rendu service.

Nous nous séparâmes, le commissaire et moi, exactement comme le prêtre et moi nous nous étions séparés lors de la confession pendant laquelle, enfant, j'avais découvert la ruse et le pouvoir des questions, stratagème dont je venais d'apprécier de nouveau la réussite. Le commissaire de police m'exhorta à surveiller ma consommation de vin quand je rentrais chez moi en voiture. En quelque sorte, à ne plus commettre les péchés d'intempérance et d'imprudence.

Ô lecteurs amènes et curieux de la suite, vous vous demandez si j'ai tenu ma double promesse. Oui, quand il y a du très bon à boire, je laisse ma voiture au garage. Oui, j'ai recommandé le commissaire à deux vignerons de Bourgogne qui lui réservent chacun six bouteilles de leurs somptueux climats. Chaque année, vers Noël, il m'envoie un mot pour me remercier, comme le policier américain à Gatsby.

Questions dans le vide

Douchka n'aimait rien tant que répondre à mes questions. Toutes mes questions. Les plus fantaisistes comme les plus graves, les très générales et les très intimes. Aucune question jamais ne la dérangeait. Au contraire, plus elles étaient pointues, plus elle semblait jouir de devoir leur apporter des réponses convaincantes ou originales. De la vivacité de son esprit elle tirait de jolies reparties ; de son humour et des effets ravageurs de son sourire, des drôleries ; de sa vaste culture littéraire, artistique, musicale, historique, géographique, des raisonnements singuliers dans lesquels les paradoxes ne l'étaient plus ; de ses talents de comédienne, une apparente sincérité. Mes questions l'intéressaient plus ou moins. Si elle n'en repoussait aucune, était-ce par amour ou par défi intellectuel ? C'était la première fois que je rencontrais une femme aussi douée pour répondre et aussi enchantée de le faire. Elle ne m'en séduisait que davantage. J'en étais arrivé à prendre plus de plaisir à l'interviewer pour moi tout seul que les invités d'« Aparté » pour un million de téléspectateurs.

J'étais allé à Berlin enregistrer un entretien dans les studios de Babelsberg avec Volker Schlöndorff. Le soir, à un dîner à l'ambassade de France, j'ai rencontré Douchka Denissov, journaliste à l'agence France Presse en poste dans la capitale allemande. Née à Paris de parents russes naturalisés français, elle avait fait de brillantes études au terme desquelles, normalienne, elle parlait et écrivait, outre le français, le russe, l'allemand, l'anglais et l'italien. Nous avons eu l'un pour l'autre un coup de foudre, avec éclairs dans nos regards fascinés. Plus tard, nous nous sommes aperçus que j'avais dix-neuf ans de plus qu'elle.

Nous nous sommes ardemment aimés. Dans l'allégresse et la sérénité. Ce n'était pourtant pas facile car nous vivions à onze cents kilomètres l'un de l'autre. L'actualité ne chômant jamais, Douchka était de garde trois week-ends sur quatre. C'était le plus souvent moi qui prenais l'avion pour lui rendre visite pendant certains morceaux ou bouts de semaine. Je ne pouvais espérer meilleur guide de Berlin. L'amour a inventé le tourisme. À force, nous avions nos restaurants et nos bars préférés. Nous apportions notre optimisme sous les tilleuls de la triste Unter den Linden, notre argent aux magasins des Friedrichstadtpassagen et notre curiosité flâneuse sur l'île des Musées, à Prenzlauer Berg, sur la Potsdamer Platz ou sur les quais de la Spree. Tout en restant en permanence en contact avec le bureau de l'AFP, prête à foncer ici ou là au cas où, Douchka m'emmenait dans sa vieille Mercedes décapotable découvrir des adresses depuis peu à la mode : un café d'étudiants, une boutique de vieilles affiches, une marchande de casquettes prolétaires, un orchestre de jazz au milieu d'une halle aux jambons et aux saucisses... Elle était sans cesse habitée par l'énergie de l'exploration. Puisque cela me serait agréable, elle retournait dans des lieux qu'elle connaissait par cœur, considérant que les revoir avec moi leur ajoutait du charme ou de l'intérêt. Elle était généreuse de son temps, de son argent, de sa culture, de sa gaieté et de son corps.

Séparés, nous nous appelions presque chaque soir au téléphone. Nous échangions des courriels et des textos en rafales. Dans nos débuts, je lui envoyais quotidiennement une question sur son ordinateur. Quelle que soit sa charge de travail, elle trouvait toujours le temps d'y répondre, souvent longuement. Dans *Questions à mon père*, Éric Fottorino raconte qu'il adressait chaque jour une question à son père pour le maintenir en vie. Je faisais de même avec Douchka. Pour fortifier notre couple à distance. Elle m'avait dit que je me fatiguerais de lui envoyer des questions avant qu'elle ne se fatigue d'y répondre. Elle avait raison. Arrivé à la centième, j'ai calé. Le bonheur avait étouffé ma questionnite. Les vacances approchaient. Notre dialogue ne s'est plus interrompu pendant un mois de soleil, d'amour et de vin frais. C'est alors qu'elle m'a annoncé qu'elle viendrait me rejoindre à Paris. Elle demanderait à l'AFP de la retirer le plus tôt possible de Berlin et de lui confier une nouvelle responsabilité au siège parisien de l'agence, rue Réaumur. J'exultai. Tout en me posant, et à elle aussi, des questions sur les risques d'une décision sentimentale qui bouleverserait son existence professionnelle. Nous étions dans l'euphorie, on verrait bien, quand on s'aime rien n'est insurmontable, n'est-ce pas ?

Cinq mois après, coup de théâtre : le bonheur rendait l'âme. Un matin d'hiver, je reçus de Douchka un courriel dans lequel, en dix-huit lignes, elle m'annonçait qu'elle était résolue à rompre. Notre couple lui paraissait moins uni, moins fervent, moins stimulant. Cela m'avait échappé. Je lui expédiai des lettres d'amour et des plaidoyers électroniques. Elle y répondit laconiquement, puis plus du tout. Comme elle m'interdisait de lui téléphoner, le silence s'établit entre Berlin et Paris. Pour l'anniversaire de notre rencontre à l'ambassade de France, je fis le voyage. Elle refusa de me voir. J'en fus quitte pour un pèlerinage solitaire dans les rues, les parcs, les restaurants et les cafés de Berlin où j'avais l'illusion que flottait encore son parfum, *L'Heure Bleue* de Guerlain.

Une question me taraudait l'esprit, et que Douchka refusât d'y apporter une réponse me plongeait dans la détresse. Pourquoi sa brutale décision ? Un autre homme dans sa vie ? Un mouvement d'humeur très slave ? Le refus énervé de s'accommoder plus longtemps de notre éloignement géographique ? La fidélité à un engagement personnel de ne pas garder un amant plus d'une année ? Une faute ou une maladresse commise par moi sans que j'en aie eu conscience et dont à ses yeux la gravité justifiait mon éviction ? Un désamour subit ? Un rejet à la longue de ma nature trop questionneuse ? Ou encore le constat qu'elle ne pourrait tenir sa promesse de me rejoindre à Paris, son orgueil refusant de m'en faire l'aveu ? Elle eût perdu les primes et les avantages des journalistes en poste à l'étranger, et rien n'était moins sûr que l'agence la reprît en France pour des fonctions de son niveau (elle m'avait informé des difficultés rencontrées). S'était-elle aperçue un peu tard qu'elle aurait mis sa carrière en danger ? Et qu'elle aurait contrevenu à son profond désir de cosmopolitisme, de journalisme hors-frontières que, forte de son don des langues, elle pratiquait avec maestria ? Et tout ça pour un homme qui n'était pas de sa génération et dont les sentiments à son égard ne bénéficiaient pas plus que les siens d'une assurance-vie ? Ou encore, pour citer Philip Roth : « Voulait-elle seulement se libérer de moi et satisfaire le vœu humain si banal de reprendre sa route pour tenter autre chose ? » (*Le Rabaissement*)

J'étais une victime de la double peine : chagrin d'amour et chagrin de silence. Au début, le premier était beaucoup plus puissant que le second. Mais, avec le temps, le tourment que ma question sur les raisons de ma disgrâce reste sans réponse l'emporta peu à peu sur la douleur, puis la mélancolie, enfin le pincement causé par notre rupture. L'amour était clos, alors que la question restait ouverte.

Quelques mois plus tard, Douchka intégra l'antenne de l'AFP à Moscou. Ce n'est pas elle qui m'en informa, mais une amie commune. Je suivis sur son blog son déménagement et son installation, son récit étant illustré de photos. Je ne boirai jamais avec elle un chocolat au café Pouchkine, ni ne dégusterai de caviar à l'hôtel Baltschug Kempinski, avec sa vue imprenable sur le Kremlin.

L'année suivante, j'envoyai à Douchka un courriel dans lequel je lui proposais d'établir entre nous des relations amicales, au moins cordiales. Lecteur de son blog, je rédigeai à sa seule attention des commentaires sur ce qu'elle écrivait, des informations sur ce que je voyais et entendais à Paris, sur nos amis, sur moi. J'attendis plusieurs jours sa réponse. Elle tint en trois mots : « Si tu veux. » Ce n'était guère encourageant. Un mutisme absolu répondit à mes messages. Quand je me permis de lui demander pourquoi, elle m'envoya paître. Humilié, je retournai au silence. Elle avait gagné.

J'étais maintenant aux prises avec une nouvelle question qui, à jamais sans réponse, me retournait l'estomac : pourquoi ce dédain, cette hostilité revêche à mon égard ? Quel crime avais-je donc commis pour mériter une telle punition ? Comment une même personne peut-elle passer d'une inépuisable générosité à une sécheresse impitoyable ? Douchka avait-elle pour règle de rompre tout lien avec ses anciens amants, l'amitié ne lui paraissant pas une suite souhaitable à une liaison ? (Voilà une question qu'en son temps, idiot, tu ne lui as pas posée !) Était-elle de ces femmes qui détestent se retrouver devant les hommes ayant eu accès à leur intimité et dont elles savent bien qu'ils ont gardé en mémoire le film parlant de leurs ébats ? (Longtemps, je me le suis passé en boucle.) Son nouvel amant avait-il demandé à Douchka qu'elle cesse toute relation avec son prédécesseur ? (Je ne l'imagine pas se pliant à ce désir, encore que ma notoriété ait pu exciter la jalousie de l'homme. Oh, là, je délire !) Considérait-elle que sa passion pour moi avait été une erreur, maintenant incompréhensible à son jugement, de sorte qu'elle exigeait d'elle-même d'en chasser par hygiène mentale tous les souvenirs ? (Et si cela était, elle pouvait compter sur sa féroce volonté.) Ou, inversement, regrettait-elle d'avoir mis fin sur un coup de tête à une histoire au cours de laquelle, elle qui ne s'aimait guère, s'était aimée, et me fuyait-elle pour ne plus en éprouver rétrospectivement les morsures et les douceurs ? (Ça, c'est la version optimiste de l'affaire, la plus agréable pour moi et la moins vraisemblable.)

Peut-être la vérité est-elle ailleurs ?

Peut-être que je manque d'imagination ?

Peut-être que je ne connaissais pas bien Douchka ?

Peut-être que, d'abord mon chagrin, ensuite ma fierté blessée, ont obscurci ma jugeote ?

Peut-être qu'il n'y a rien à comprendre parce que le destin qui nous a manipulés est énigmatique ?

Peut-être que... Le certain, c'est que j'ai hérité de cette aventure très amoureuse, outre les merveilleux souvenirs qui à eux seuls justifient une vie, et même deux (elle ne protestera pas), des questions sans réponse. Elles sont comme d'inexpugnables échardes plantées au plus vif de ma chair.

Seigneur, quelles sont les raisons pour lesquelles Douchka m'a brutalement éjecté de sa vie et pourquoi m'a-t-elle ensuite opposé un silence méprisant ?

Seigneur, qui, le 5 mars 1984, a assassiné dans le parking de l'avenue Foch, à Paris, de quatre balles de 22 long rifle, le producteur de cinéma, impresario et éditeur Gérard Lebovici ?

Seigneur, les femelles de l'hirondelle Hirundo rustica *s'accouplant de préférence avec des mâles à longue queue plutôt qu'avec des mâles à queue courte, est-ce parce que ceux-ci ont plus de poux que ceux-là ?*

*Seigneur, où Homère est-il né ? Était-il contemporain de la guerre de Troie ? Est-ce à Chios qu'il a composé l'*Iliade *et l'*Odyssée *? Qu'est-ce qui le rend aveugle ? Est-il décédé dans l'île d'Ios ? Qui était Homère ?*

Le goût du risque

Dans le livre que j'écrirai pour Antoine Gallimard, il faudra que j'insiste sur ce point : poser des questions, c'est prendre des risques. C'est s'exposer, se mettre en danger. C'est, par exemple, récolter des mensonges. Que, trop souvent, l'on ne sait pas distinguer de la vérité. De sorte que le menteur, fier de ses craques ingénieuses, rit dans sa barbe du naïf qu'il vient d'abuser. Satisfait de la réponse, celui-ci la reprend, y décelant de l'intérêt, et pose une question qui le ridiculise un peu plus aux yeux de l'interlocuteur malhonnête, lequel se fera un plaisir d'ajouter quelques carabistouilles, calembredaines, billevesées, fariboles, fantaisies, entourloupettes, sornettes, coquecigrues, etc. Richesse significative du vocabulaire du mensonge.

Si vous ne voulez pas qu'on vous mente, abstenez-vous de poser des questions. J'en suis incapable. C'est pourquoi, au prorata des questions que j'ai posées dans mes deux vies, privée et professionnelle, je suis mathématiquement l'un des Français auquel on a le plus menti.

Comme journaliste, après tout, je m'en fous. Les mensonges politiques, économiques, littéraires, artistiques, sportifs, sont des vérités passagères. Les plus notoires relèvent de l'histoire comme les faits avérés.

Avoir été dupé dans ma vie privée par une parole insoupçonnable m'embête davantage. Parce que c'est moi, moi seul, qu'on a voulu égarer, alors que dans une interview, c'est du public qu'on s'est moqué. Dans ce cas, je n'ai pas été la cible du mensonge, je n'en ai été que le truchement.

Comment ne pas être dépité, triste, quand, trois heures, trois jours, trois mois ou trois ans après, par hasard le plus souvent, mon pied bute ou ma main tombe sur la preuve de la fabulation, de la tromperie, de la mauvaise foi ? La réponse mensongère, même découverte longtemps après, tourne la question en ridicule. Le questionneur avec.

Quand on m'interroge, je ne dis jamais de mensonges. Par respect pour les questions. Par révérence pour mon métier. Répondre par des mensonges aux questions des autres, ce serait mépriser les miennes. J'aurais l'impression de me berner moi-même, d'être mon propre désinformateur.

Donc, je ne mens jamais ? Bien sûr que si ! Des mensonges, comme tout le monde, j'en dis des gros et des petits, des subtils et des balourds, des insoupçonnables et des éventés. Mais je n'attends pas qu'on me questionne pour les balancer. J'en prends l'initiative. Je les affirme d'emblée. Et même, s'il se peut, je les introduis par une question banale : « Tu ne sais pas ce qui m'est arrivé ? » « Tu te souviens de ce que je t'ai raconté, hier soir, à propos de... » « On t'a dit que j'ai téléphoné... ? »

L'une des raisons pour lesquelles je n'aime pas être questionné et, surtout, interviewé, c'est parce que, enfermé dans mon respect pour les questions, je ne peux pas me laisser aller à répondre par des craques. Je suis moralement dans l'obligation de dire la vérité. Ce n'est pas toujours confortable. Si l'on ne veut pas que je dise des mensonges, il faut me poser des questions. Je ne confie cela à personne, car ce serait les encourager, les provoquer, et, pardon pour cette facilité, il n'en est pas question.

Plus que le mensonge, le silence est à redouter. J'ai raconté combien j'ai souffert et je continue de souffrir de l'absence de réponses de Douchka. Sa fuite dans l'espace et dans le temps. Mes points d'interrogation qui n'accrochent que du vide. Ma désorientation, mon hébétude. Le silence est la pire des réponses parce qu'il libère dans l'imagination ce qu'elle a de plus pernicieux. De plus sombre aussi. Enfin, de plus obsédant.

Poser des questions c'est encore s'exposer à un refus de répondre ironique ou indigné. Ambiance ! Ou bien l'on peut s'attirer une réponse, une vraie réponse, mais courroucée ou blessante. Atmosphère ! Ou encore, la question a touché un point très sensible et l'on voit la personne chercher ses mots, bafouiller, tandis que ses yeux luisent de larmes. Gêne ! Poser des questions, quand elles ne sont pas de convenance ou de routine, c'est se hasarder dans l'indiscrétion, s'aventurer dans le secret, braver peut-être un interdit. Ces choses-là n'arrivent pas tous les jours, mais c'est un danger latent.

Heureux les égocentriques, les introvertis, les narcissiques, les timides, les prudents, les indifférents, les trop polis, les bien éduqués, qui ne posent jamais de questions et qui ne connaissent pas ce genre d'embarras. Heureux les taiseux, qui ne prennent aucun risque.

Ou faut-il les plaindre parce qu'ils ne ressentent jamais le frisson de la curiosité, l'élan de la question audacieuse, le choc de la réponse inattendue ?

L'intervieweur piégé

Julien a quinze ans. Il est en classe de seconde au lycée Victor-Duruy où il apprend l'anglais et le chinois. Sa mère et moi aurions préféré qu'il choisisse l'espagnol pour seconde langue, mais le juge Ti, dont il est un lecteur et un admirateur, a eu sur lui plus d'influence que nous. Marie-Lou dit qu'il a la volonté de son père et l'énergie de sa mère. Ce qui signifie qu'il fonce. Au jogging, c'est très bien ; au judo, il se fait parfois contrer ; à l'école et au collège, cela lui a valu des punitions. Le lycéen s'est calmé, et nous n'aurions qu'à nous féliciter de ses résultats, de son charisme qu'il utilise pour organiser des petits spectacles et des fêtes et non pour fomenter des révoltes, si, depuis un mois, il ne fumait un paquet de cigarettes par jour. Plus des joints, a-t-il crânement avoué à Lucile, chez qui il vit le plus souvent. Quels parents ne redouteraient pas qu'il bascule dans la drogue ?

Un week-end où il était chez moi, nous en avons parlé tête à tête, « entre hommes ». Convaincu des dangers des drogues, il avait déjà refusé de « se faire une ligne » de coke et il m'a juré qu'il n'y mettrait jamais le nez. Mais la cigarette et le joint n'étant pas immédiatement dangereux, il s'y était risqué. Maintenant, il en avait besoin.

— Pourquoi ?

— Parce que ma bouche, mon nez, mon corps les réclament.

— Tu es donc déjà accro ?

— Oui.

— À quinze ans !

— Oui, je sais c'est un peu tôt. Mais je suis aussi en avance pour mes études.

— Cette dépendance ne te fait pas peur ?

— Non. Le jour où...

— Le jour où tu voudras arrêter, tu y renonceras comme beaucoup de gens parce que c'est trop difficile, ou tu y arriveras mais en souffrant beaucoup et longtemps.

— (Dégagé, sûr de lui) Ouais, ouais, on verra...

— Mais pourquoi as-tu décidé de fumer ? Pourquoi t'es-tu laissé entraîner ?

— Parce que j'aime ça.

— (Agacé) Bien sûr, Julien, que tu aimes ça ! Mais ce n'est pas une réponse. Ma question c'est pourquoi, psychologiquement, sachant que c'est une contrainte dangereuse, tu as quand même cédé ?

— Parce que ça m'aide pendant que je fais mes devoirs et que j'apprends mes leçons, parce que la cigarette dans les conversations avec mes potes, avec les filles, elle me donne de l'autorité, du prestige...

— Ça c'est pour la galerie. (Mezza voce) Mais je suis sûr qu'il y a autre chose... Que tu as intimement une ou plusieurs raisons pour expliquer ce qu'il faut bien appeler une défaillance.

— Ah, papa, t'es un sacré intervieweur ! Tu ne lâches jamais le morceau ! Oui, il y a autre chose...

— (Sourire à cause du compliment, mais sourire inquiet) C'est quoi ?

— L'angoisse. J'ai l'impression que mon angoisse part avec la fumée.

— (Stupéfait) Tu es angoissé ? Mais par qui, par quoi ?

— (Très calme) Par la vie, papa ! Par le lycée, par les profs, par les maths, par la compétition... Par votre séparation, maman et toi... Par, je ne sais pas, des trucs qui me passent par la tête...

— Mais tu es un garçon plutôt joyeux !

— Oui, mais ça n'empêche pas...

— Tu veux dire que ta gaieté, ton énergie sont trompeuses, qu'il ne faut pas s'y fier ?

— Si, elles sont vraies. Mais l'angoisse et la gaieté ne sont pas incompatibles. Au contraire, elles vont bien ensemble. La gaieté, ça sert à tromper l'angoisse... Enfin, c'est ce que je ressens.

— Je te découvre, Julien.

— Les cigarettes et les pétards, c'est top, parce qu'avec je suis vachement moins angoissé, je me sens plus sûr de moi, plus léger... Enfin, papa, à mon âge, tu as dû connaître ça, toi aussi ?

— Est-ce que j'étais un adolescent angoissé ? Oui et non. Un peu, sûrement, mais pas assez pour que j'en aie gardé un souvenir précis.

— T'avais pas les boules devant la vie ?

— Non, j'avais confiance.

— Dis plutôt que tu étais aveugle ?

— (Interloqué) Probable. Ce qui me frappe dans ce que tu dis et dans la manière dont tu le dis, c'est ta capacité – à quinze ans, chapeau ! – à analyser ce que tu ressens et à l'exprimer avec des mots forts.

— Toi, tu n'aurais pas su ?

— Non, je ne crois pas.

— (Sur un ton un peu persifleur) Tu étais en retard ?

— Non, mais ma génération n'était pas aussi informée, aussi ouverte que la tienne. Et je ne te parle pas de la génération de ton grand-père par rapport à la mienne ! Vous avez, aujourd'hui, les ados, une maturité que nous n'avions pas.

— Mais je ne crois pas que nous soyons plus..., comment c'est, l'adjectif ?

— Mature.

— ... que nous soyons plus matures que vous. Je crois que nous sommes plus courageux et que nous disons les choses. Qu'est-ce que tu en penses ?

— Je pense que tu as probablement raison. C'est vrai, pour reprendre ton expression, que vous dites plus précocement les choses.

— Une conversation comme celle-là, tu n'en as jamais eu avec Grand-Père ?

— Si, mais plus tard, j'avais dix-sept ou dix-huit ans.

— Mais alors, avant, à qui tu te confiais quand ça n'allait pas ?

— À personne...

— Et le silence, la solitude, ne te donnaient pas envie de fumer ?

— Si, si, je le reconnais. Mais j'ai été sauvé de la cigarette parce que je ne supportais pas le contact du papier sur mes lèvres. Même les bouts filtres m'étaient désagréables.

— Tu aurais pu utiliser un fume-cigarette ?

— J'aurais eu l'air idiot, snob.

— Et la pipe ?

— (Amusé) Tu me vois, même à vingt ans, avec une pipe au bec ?

C'est à cet instant que j'eus conscience que, non seulement je ne posais plus de questions à Julien, mais que c'était moi qui répondais aux siennes. Comme je l'avais fait, à treize ans, avec le confesseur, il avait échangé nos rôles. Il s'était emparé de mon pouvoir. Mais sa performance était bien plus remarquable que la mienne. Je n'avais affaire qu'à un prêtre fatigué alors que lui avait mis dans sa poche un intervieweur considéré comme l'un des meilleurs de la télévision. Je ne savais pas si je devais l'admirer ou lui en vouloir. Mais déjà il avait repris son interrogatoire. Ne pas lui répondre et me réapproprier par autorité le monopole des questions aurait été lamentable.

— Mais alors, papa, quand ça n'allait pas, qu'est-ce que tu faisais ?

— Rien.

— Comment, rien ? Tu te repliais sur toi, point barre ?

— Oui, je faisais le dos rond, j'attendais des jours meilleurs.

— Tu n'avais jamais envie de faire des bêtises, de tout casser, de te défouler, de tromper ta galère en faisant, je ne sais pas moi, puisque tu ne fumais pas, tu ne te droguais pas, tu ne buvais pas... Tu étais un jeune homme parfait ?

— (Le petit con ! Il me provoque ! Mais, ça y est, il a gagné...) Non, je n'étais pas un jeune homme parfait. À dix-sept ans, j'ai plongé dans l'alcool.

— Pourquoi ?

— Parce que je ne me trouvais pas beau, j'avais de l'acné, j'étais maladroit dans mes gestes et dans mes paroles, j'étais encore timide, les filles ne me voyaient pas, je me demandais à quoi serviraient mes bons résultats au lycée, j'enviais le prestige des cancres, des fortes têtes, des insolents, je méditais de longues heures sur l'impossible, bref, j'étais mal dans ma peau boutonneuse. Alors, j'ai bu.

— Tu t'es saoulé grave ?

— Oui, pas longtemps, cinq ou six fois.

— À quoi ?

— La vodka. Ça va vite, à la vodka !

— Tu aimais ça ?

— Beaucoup. Comme toi tu aimes la cigarette.

— Tu permets, papa, que j'en fume une ?

— (Accablé) Au point où on en est...

Questions existentielles

J'approche de la soixantaine, et bientôt j'entrerai dans la pré-vieillesse comme il y a les pré-Alpes. Ça va commencer à monter. Je m'essoufflerai. Il faudra que je m'habitue à être de plus en plus sollicité par des questions existentielles que, jusqu'à présent, je repoussais du pied au fond du lit parce qu'elles sont sans réponse. Je déteste presque autant les questions auxquelles ni moi ni personne ne peut apporter de réponse que les questions qui ont une réponse et que la personne qui la détient refuse de me livrer.

Je pressens que, plus j'accumulerai les années, plus ces questions deviendront angoissantes. Du genre : tout compte fait, qu'est-ce que je fous ici-bas ? Pourquoi c'est moi qui suis dans moi et pas un autre ? Quand et comment mourrai-je ? Faut-il devant la mort se résigner ou se révolter ? Qu'y a-t-il au-delà qu'on ne sait pas ? S'il n'y a rien, saurons-nous quand même qu'il n'y a rien ? Est-ce que je préfère un rien somme toute confortable mais intellectuellement décevant, à un après intelligent, mais peut-être pénible ?

Aujourd'hui, parce que je suis encore bourré d'énergie, en belle santé, rieur et optimiste, j'évacue ces interrogations sérieuses en leur substituant sur le même sujet des questions légères. Par exemple : après ta mort, si Dieu existe, qu'aimerais-tu qu'il te dise ? Dieu suit-il la mode et porte-t-il une barbe de trois ou quatre jours ? Dieu est-il une femme qui punira les phallocrates, les misogynes et les machos ? Dieu est-il une équation dans laquelle $E = mc^2$ ne serait que l'une des variables ? Avant le Jugement dernier, chacun de nous bénéficiera-t-il de l'assistance d'un avocat commis d'office ? Le paradis est-il un ciel de félicité parce que l'on y répond à nos questions et, parce que l'on n'y répond pas, l'enfer un cul-de-sac de souffrance ?

Je crains que ces questions ne m'apparaissent d'autant plus frivoles que les rides creuseront mon front et mes joues. À force, le lourd gagnera. L'humour, première victime de l'arthrite, des maux d'estomac et de la surdité. À partir de quel âge ne rigole-t-on plus avec soi-même ? En se forçant, on doit probablement encore rire avec les autres, mais quand on se retrouve seul ? Je voudrais bien, comme certains vieillards magnifiques, ne pas devenir un scrogneugneu, un atrabilaire, un réac, un geignard, un défaitiste. Vivre le plus longtemps possible en bonne intelligence avec son temps, en harmonie avec soi. Oui, oui, mais comment fait-on ?

On fait ce qu'on peut, mon pauvre ami.

Peut-être éviter de se laisser envahir par toutes ces questions existentielles qui provoquent du malaise. Les canaliser pour qu'elles ne forment pas une sorte de prurit du vieillard, déjà porté par nature aux démangeaisons de la peau et de la mémoire. Si, en plus, il doit sans cesse se gratter l'âme ? Un peu, oui, mais pas au point de sombrer dans une mélancolie mystique.

Quand je serai à la retraite – ce qui peut m'arriver dès l'année prochaine, l'audimateuse direction de la chaîne jugeant alors que ma bouille a dépassé sa date de péremption –, je ramasserai toutes ces questions embêtantes au cours d'un ou de deux week-ends de méditation par an. J'irai dans un monastère ou dans un petit hôtel battu par les vents et les flots de la mer du Nord et là, seul, je me rongerai l'âme jusqu'au disque dur.

Pendant que j'y serai, pour faire bonne mesure, je réfléchirai aux périls qui nous menacent : le climatique, l'atomique, l'islamique, l'asiatique, l'économique, le paupérique. De cette gamberge il ne sortira rien, sinon que j'aurai pris ma part de l'angoisse du monde et que j'aurai résisté pendant quarante-huit heures au supplice des questions dans le vide. Je n'aurai plus à me les poser jusqu'au week-end masochiste suivant.

À bientôt soixante ans, ce serait bien que la prochaine femme qui entrera dans ma vie – je suis célibataire depuis trois mois – y reste longtemps, pourquoi pas jusqu'à la fin de mes jours. Mais il faudrait pour cela ne pas l'emmerder avec mes questions kalachnikoviennes ou fureteuses. Que je perde l'habitude de lui infliger mes inutiles rengaines : tu m'aimes ? À quoi tu penses ? Est-ce que je t'ai manqué ? Comment c'était ? Il y a combien de temps que tu ne m'as pas embrassé ? À quand remonte ton dernier sourire ? Es-tu heureuse ? Et patati ? Et patata ? Devenir un homme normal, en somme. En ne lançant plus les points d'interrogation comme grains à la volaille. En maîtrisant ma déferlante curiosité.

Je m'interroge sur mon comportement quand je serai à la retraite. N'ayant plus d'interview à faire, serai-je en manque de questions et me guérirai-je de cette frustration en en augmentant le nombre dans le privé ? Ou, tout au contraire, déconnecté de ma questionnite professionnelle, qui alimente l'intime, perdrai-je peu à peu l'envie du pourquoi et du comment ?

Je regarde ce très vieux monsieur qui est mon père. Il sourit encore, mais à quoi ? Au téléphone il écoute, mais la voix de qui ? Ses longs silences me font croire qu'il a déjà débarqué ailleurs. Mais où ? Quand je le lui demande il me répond qu'on peut comprimer l'histoire, mais pas la géographie. Il se débat contre la résignation et, en même temps, il accepte avec équanimité de vieillir. Son immobilité est beaucoup plus intrigante que son énergie quand il était médecin et père de famille. Ce qui est fascinant chez lui, comme chez la plupart des hommes et des femmes de son âge, c'est cet espace, ce vide, que tant d'années ont creusé à l'intérieur de lui et dont on ne sait pas quand et de quoi il sera le réceptacle. Pour lui, ce sera du bon, du très bon. Mais pour moi ?

Je sors mal à l'aise, parfois furieux, des repas de famille ou de vacances auxquels il participe. Nous sommes nombreux : ses enfants, ses petits-enfants, des amis des uns et des autres. Il préside. La table est bruyante. Au début, on lui prête attention. Puis, très vite, il est exclu des conversations même les plus proches de lui, d'autant que sa prothèse auditive ne lui restitue pas les sons équitablement. Pourtant, il s'accroche. Il intervient sous forme de réflexions ou de boutades. Mais ses voisins ne semblent pas les entendre. Il pose des questions. On a répondu aux premières. Les suivantes sont négligées. On ne le regarde plus. Il se sent marginalisé, de trop. Il est vieux et il n'intéresse plus personne. Ce qui donne de l'autorité à la parole, c'est la jeunesse, la beauté, l'argent, le pouvoir, le prestige, le culot. Il ne possède plus rien de tout cela. Alors, comme un calamar taciturne, il se replie sur lui-même, ramène à lui ses mains, ses regards, son attention, et poursuit son repas en silence.

Placé loin de lui, mais spectateur de son renoncement, je suis intervenu une fois en m'adressant à toute la table : « Ce serait trop vous demander de prêter attention à ce que dit papa ? Ça vous ennuierait de l'écouter et de lui répondre ? » Ça a jeté un froid, surtout auprès des amis de Marie-Lou, de Nicolas et de leurs enfants. Mon père n'a pas apprécié. Il a du moins donné cette impression. Il a dit que j'exagérais, que tout allait bien. Il était gêné de passer en quelques secondes de l'état de potiche à celui de vase de Soissons. Je me suis excusé. Il m'a remercié. Là, il m'a paru sincère. Je me suis excusé auprès des autres. Un murmure collectif m'a répondu que j'avais eu raison. Personne ne le pensait, sauf probablement ma sœur.

— De quoi veux-tu qu'on parle, papa ? demanda Marie-Lou.

— De la jeunesse, répondit-il.

Après le repas, Nicolas, mon frère aîné, m'a interpellé sur la raison de mon esclandre familial.

— Parce que c'est révoltant, lui dis-je, de voir notre père négligé comme s'il n'était plus rien. Tu ne trouves pas ça insupportable ?

— Si, si, bien sûr ! Mais je me suis demandé si tu ne t'étais pas projeté vingt ou trente ans après, à sa place ?

C'était vrai. Tout à coup, au milieu du repas, je m'étais imaginé, moi aussi, négligé de ma famille, écarté de la conversation, oublié, rejeté. Je posais des questions et personne ne me répondait. J'en posais d'autres et, comme les précédentes, elles se diluaient dans un brouhaha indifférent et cruel.

La vieillesse est-elle le vestibule de l'enfer ?

Manon 2

Une nouvelle femme me donne le bras. Elle s'appelle Manon. C'est ma seconde Manon. Divorcée, quarante-huit ans, deux grands enfants. Elle est experte en Art nouveau. Elle a organisé récemment, au musée d'Orsay, une exposition sur Jacques Gruber. Elle est épatante. À mes questions elle apporte des réponses qui sont comme des fleurs, des bijoux, des opalines ou des photophores (on voit que je suis très amoureux). Oubliées les pages sombres que j'ai écrites sur la vieillesse et sur mon père. Je vivais seul. Être dans la situation de ne poser des questions qu'à soi ne vaut rien. J'aurai bientôt soixante ans et je suis jeune. À soixante-dix, soixante-quinze, je le serai encore.

Il n'est pas dans mon intention de réfréner ma questionnite. Quelle idiotie d'avoir envisagé cela ! J'aurais l'impression de vivre à côté de moi. De m'être vidé de la moitié de mon sang. Ce qui pourrait passer pour de la sagesse ne serait qu'une prudence ou une infirmité de l'âge. De même il serait mutilant de renoncer à mes questions bébêtes mais délicieuses de tous les jours : à quoi tu penses ? Tu m'aimes ? etc. Elles sont dans ma nature. Elles témoignent de la juvénilité de mon comportement. Les abandonner pour faire sérieux, pour être conforme à mon âge, non, merci.

D'ailleurs, graves ou puériles, Manon 2 adore mes questions. Elle dit que ce sont des portemanteaux auxquels nous accrochons notre nostalgie, notre impudeur ou nos utopies, ou de petites bougies semblables à celles que les Lyonnais disposent sur leurs balcons, la nuit de la fête des Lumières, les nôtres éclairant les zigzags de nos parcours. Une petite voix me chuchote que la plupart des femmes, à nos débuts, recevaient mes questions avec satisfaction et entrain. C'est avec le temps qu'elles s'en lassaient, puis s'en irritaient, enfin s'en détournaient. Pourquoi Manon 2 ne ferait-elle pas de même ? Et pourquoi, je rétorque, ne serait-elle pas ma première compagne à m'aimer durablement en dépit de mes questions ou, peut-être, grâce à mes questions ? Sainte Manon 2, la réponse toujours avenante, l'explication intelligente, la parole jamais dilatoire, la repartie chaque fois piquante ou caressante, et ainsi pendant des années et des années, jusqu'à l'ultime question murmurée dans mon dernier souffle ? Je suis très optimiste. Plus que précédemment ? Avec plus de certitude ? Manon 2 plus solide que Manon 1 et les autres ? Plus joueuse ? Moins cachottière ? Plus... Tu m'embêtes, à la fin, avec tes questions !

Un soir, après l'amour, elle m'a proposé de mettre sur le lit – transposition de l'expression métaphorique « mettre sur la table » – toutes nos envies culturelles.

— Voyons, quels sont les musées que je ne connais pas et que j'aimerais visiter, a-t-elle dit. Les tableaux que je n'ai jamais vus ?

— Dans le monde entier ?
— Oui, bien sûr. J'en ferai la liste. Et toi ?
— Les villes dans lesquelles je ne me suis promené que par procuration, dans les films ou à la télé.
— Il y a des villes et des musées qui coïncideront.
— Avec aussi des restaurants très réputés.
— Et peut-être aussi des opéras ou des salles de concert.

J'ai proposé à Manon 2 un plan de visites sur dix ans. Deux villes par an. Au total, vingt. Non, pas assez. Elle a dû penser à mon âge. Trois ou quatre par an. Plus des paysages, des montagnes, des abbayes, des monastères ou des temples dissimulés dans la campagne ou dans la forêt, un ou deux déserts, quelques châteaux classés, quelques fleuves, quelques îles... Manon, la vie recommence ! Adam, l'avenir est à nous ! Exaltés, nous avons refait l'amour sur la carte du Tendre qui débordait largement du lit.

Manon 2 est une femme pleine de ressources. Elle a réfléchi à mon addiction aux questions, qui est aussi par ricochet la sienne, et m'a demandé de ne pas être seulement celle qui répond en aval, mais aussi celle qui questionne en amont. J'ai d'abord fait la moue. Une ingérence dans mon pouvoir ? Une appropriation de mon vice ? Non, c'était moins captateur et plus subtil. Elle proposait que, presque chaque jour, quand nous en aurions le temps, en préparant les repas, au dîner, avant de dormir, nous répondions ensemble à une question qui émanerait d'elle ou de moi. L'important n'était pas d'où venait la question mais ce que nous en ferions ensemble. Elle insistait sur le mot ensemble. Des questions fortes, bizarres ou décalées. Flatteuse, elle me dit que je n'avais plus rien à prouver avec les questions, mais que j'avais toujours été trop discret dans mes réponses alors que je pouvais y briller autant qu'un autre. Manon 2 me demandait de m'investir dans la conversation en la relançant plus avec des réponses qu'avec des questions. Traduction : délaisser quelque peu mon arrogance interrogatrice au profit d'une humilité raisonnante.

Ainsi j'ai fait. Au début, par amour. Ensuite par amour et par plaisir. Nous avons eu des dialogues passionnants sur des sujets très variés. Quelques exemples :

L'esprit de sacrifice à partir de la question : « Pour qui, pour quoi accepterais-tu de donner ta vie ? »

La charité : « Faut-il faire l'aumône à un mendiant obèse qui fume des cigarettes ? » (Non, cette pertinente question n'était pas de moi, mais de Manon 2.)

La mort : « À partir de quel âge les gens pensent-ils à la mort au moins une fois par jour ? »

L'hypocrisie : « Pourquoi certaines femmes tirent-elles sans cesse sur leur mini-jupe et mettent-elles leurs mains devant leur décolleté quand elles se penchent ? » (Oui, bien sûr, je suis l'auteur de cette question.)

Littérature et médecine : « Les ogres des contes peuvent-ils souffrir de la goutte, du diabète ou du cholestérol ? »

La complexité : « Dans le monde maillé d'aujourd'hui, extraordinairement compliqué, existe-t-il une décision politique, économique ou sociale, apparemment bonne, qui n'ait pas d'effets pervers ? »

La sémantique : « Est-ce une faiblesse ou un avantage de la langue française de nommer par le même mot le temps qu'il fait et le temps qui passe ? »

La lecture : « Paul Morand a-t-il raison d'avoir écrit que Balzac est lu par les vieux et Stendhal par les jeunes ? »

Le rire : « Est-ce qu'un type qui rate une marche faisait déjà rire chez les Grecs et les Romains ? Ou est-ce le cinéma muet, en particulier Charlot, qui en a fait un gag ? »

Mon métier : « Le journalisme est-il une façon d'exercer du pouvoir sans en courir ni les contraintes ni les risques ? »

Son métier : « Le succès populaire de plus en plus considérable des musées et des expositions s'explique-t-il en partie par le besoin presque physiologique du public de contempler des images fixes et silencieuses dans un monde vidéo de plus en plus oppressant, vibrionnant et bruyant ? »

La solitude électronique : « Twitter, Facebook, les mails, les textos, toute la communication instantanée n'encourage-t-elle pas le célibat et la solitude ? »

Moi, je n'ai jamais été moins solitaire. Je ne me rappelle pas avoir formé avec quiconque un couple aussi soudé et harmonieux que celui que Manon 2 et moi constituons. (Pourtant, avec Lucile, avec Douchka, ce n'était pas mal, tu as oublié ?) Nous nous devinons avant le premier regard. Nous nous flairons d'une idée à l'autre. Je me laisse aller à la sérénité. Peut-être aussi à la nonchalance. Le bonheur ne serait-il pas émollient ? Je me rends compte que je n'ai jamais posé si peu de questions à ma compagne. Comme si Manon 2 avait le pouvoir de les tarir à la source. Peut-être l'ai-je si vite et si profondément connue qu'elle a découragé chez moi l'envie d'en apprendre plus ? À moins que ce ne soit ma curiosité qui se relâche dans le confort d'un grand amour tardif.

Car je remarque que dans leur formulation mes questions sont moins questionneuses qu'avant, plus longues, plus rondes, comme si les points d'interrogation en étaient émoussés. Il arrive même qu'ils soient supprimés, mes questions devenant alors des affirmations incertaines, en déséquilibre. C'est particulièrement vrai dans nos conversations du soir, sur un sujet choisi d'un commun accord, la question retenue n'étant pas toujours la mienne. J'argumente, j'analyse, je réponds et, sous l'influence de Manon 2, mes questions deviennent rares ou sont bancales.

Bizarre, ce changement ! J'ai mis un point d'exclamation alors qu'il n'y a pas si longtemps j'aurais écrit : bizarre, ce changement ? Je ne m'interroge plus, je m'exclame. Je ne questionne plus, j'affirme. Je ne veux pas savoir, je sais.

Cette évolution m'inquiète. Je dois bien le constater : Manon 2 exerce sur moi un ascendant considérable. Avec habileté, elle me retire peu à peu les questions de la bouche. J'en viens à me demander si...

— À quoi tu penses, Adam ?
— À rien.
— Mais si, tu pensais bien à quelque chose ?
— Non, non, je t'assure.
— Ton regard était fixe, lointain, tu avais l'air très concentré, comme replié sur toi...
— Non, je te promets, je ne pensais à rien.

— Tu m'aimes ?
— Oui, bien sûr.
— Vraiment ?
— Je ne me pose même pas la question.

Seigneur, Christian Ranucci, guillotiné le 28 juillet 1976 pour avoir enlevé et assassiné Marie Dolores Rambla, huit ans, est-il innocent d'un crime à l'enquête bâclée, Gilles Perrault ayant démontré qu'il aurait pu être commis par un homme au « pull-over rouge » retrouvé sur les lieux du crime et qui n'appartenait pas à Ranucci ?

Seigneur, est-il vrai que la première phrase prononcée par Ernest Hemingway, à l'âge de vingt mois, le jour de la Saint-Patrick, fut : « Je ne connais pas Buffalo Bill » ?

Seigneur, au cours de son ultime réussite, la dernière carte que le général de Gaulle a retournée, le 9 novembre 1970, avant qu'une rupture d'anévrisme ne mette brutalement fin au jeu et à sa vie, est-elle réellement un joker ?

Seigneur, le monde a-t-il eu un commencement et sera-t-il sans fin ?

Cet ouvrage a été composé par IGS-CP
à L'Isle-d'Espagnac (16)

Achevé d'imprimer en septembre 2013
par Liberduplex
à Barcelone (Espagne)

Dépôt légal : octobre 2013
S24063/01